HARRAP'S

Parler **l'allemand** en voyage

Dorian Astor
Stephan Güde

W0041242

HARRAP

© Éditions Larousse, 2014
21, rue du Montparnasse
75283 Paris Cedex 06

HARRAP's® est une marque de Larousse SAS.
www.harrap.com

ISBN 978-2-81-870295-6

Direction du département Dictionnaires et Encyclopédies :
Carine Girac-Marinier

Direction éditoriale : Claude Nimmo

Suivi éditorial : Beata Assaf

Mise à jour : Hella Straubel

Informatique éditoriale : Dalila Abdelkader

Conception graphique : Sophie Rivoire

Mise en page : Les PAOistes

Fabrication : Rebecca Dubois

Édition précédente

Direction éditoriale : Anna Stevenson

TABLE DES MATIÈRES

Table des matières

Table des matières

Table des matières

Table des matières

Abréviations utilisées dans ce guide

adj	adjectif
adv	adverbe
n	nom
v	verbe

PRONONCIATION

ALPHABET

L'alphabet allemand s'épelle ainsi :

a	*â*	g	*gué*	m	*éme*	s	*esse*	w	*vé*
b	*bé*	h	*ha*	n	*ène*	ß	*ess-*	x	*ixe*
c	*tsé*	i	*i*	o	*o*		*tsète*	y	*upsilone*
d	*dé*	j	*iote*	p	*p*	t	*té*	z	*tsète*
e	*é*	k	*ka*	q	*kou*	u	*ou*		
f	*effe*	l	*elle*	r	*ère*	v	*fâou*		

N.B. Le tréma allemand s'appelle *Umlaut* (oumlâoute).

PRONONCIATION ET INTONATION

Pour chaque phrase donnée en allemand dans ce guide, vous trouverez sa prononciation indiquée en italique. En lisant simplement cette transcription phonétique, vous pourrez vous faire comprendre par un germanophone. Voici quelques indications à suivre pour bien prononcer les termes en italiques :

Les voyelles en caractères gras doivent être accentuées.

L'accent circonflexe indique la présence d'une voyelle longue (**o** est ouvert, **ô** est fermé).

En allemand, il n'y a pas de nasales ("an", "en", "in", "un", "on" français). On doit prononcer la voyelle puis le "n". C'est ce que nous indiquons en faisant suivre le "n" d'une apostrophe. Ex : **Frankreich** *fran'kraïsh*.

sh   transcrit le son "ch" doux et se prononce comme dans un "chut" murmuré

rr   transcrit le son "ch" dur et se prononce comme un "r" très guttural (comme un raclement de gorge)

h   se lit aspiré

Cette toute nouvelle édition du guide de conversation franco-allemand Harrap est destinée à tous ceux qui souhaitent communiquer avec les habitants lors de leur séjour à l'étranger. Claire, allant à l'essentiel, elle vous aidera à faire les premiers pas pour dépasser la barrière de la langue et entrer en contact avec les gens du pays.

Dans chacune des rubriques, ce guide vous propose une liste de mots utiles ainsi qu'une série de phrases et d'expressions courantes : vous entendrez ou vous lirez certaines d'entre elles, d'autres vous permettront de vous exprimer. Vous vous ferez alors comprendre sans effort grâce à une transcription phonétique très simple, spécialement adaptée à l'utilisateur français.

Avec les quelque 5000 mots du mini-dictionnaire bilingue, les plus curieux pourront compléter ou décliner ces structures élémentaires afin de nouer une conversation.

Des indications sur la culture et les pratiques locales, quelques informations utiles sont là pour vous faire gagner du temps. Réservez vos vacances aux loisirs et à la découverte ! Vous trouverez dans ce guide un lexique gastronomique qui vous aidera à découvrir la cuisine du pays et les principaux plats régionaux.

En plus, nous vous offrons un fichier MP3 à télécharger sur notre site **www.harrap.com**, avec la prononciation des mots et expressions indispensables pour votre voyage. Copiez-le sur votre lecteur MP3 ou sur un CD avant de partir et vous n'aurez plus à chercher vos mots !

Introduction

LA LANGUE ALLEMANDE

Contrairement aux idées reçues, l'allemand est la langue la plus parlée en Europe ! En effet, 100 millions de personnes le parlent, contre

75 millions pour le français et 64 millions seulement pour l'anglais. L'allemand est la langue nationale en Allemagne et en Autriche et une des langues officielles en Suisse et au Luxembourg. Sans compter

les variantes régionales à la périphérie de cette zone, en Alsace et en Moselle, à la frontière franco-allemande (environ 1,5 million de locuteurs), en Italie (225 000 dans le Trentin, le Haut-Adige et le Tyrol du Sud) et en Belgique (150 000 le long de la frontière avec l'Allemagne).

Plus latine que slave

Si la langue germanique constitue un bloc homogène au cœur de l'Europe entre les langues latines (à l'ouest et au sud-ouest) et les langues slaves (au sud-est et à l'est), elle est historiquement beaucoup plus proche de la culture latine, qui a profondément marqué son histoire, que de la culture slave. Les empereurs allemands se considéraient d'ailleurs comme les héritiers des empereurs romains (**Kaiser** *empereur*, vient de *César*) et l'Empire (allemand) lui-même s'appelait en fait « le Saint Empire romain germanique » (**Das Heilige Römische Reich deutscher Nation**).

L'introduction de mots latins dans la langue germanique remonte au haut Moyen Âge. Certains mots ont d'ailleurs été si bien intégrés que les germanophones les croient toujours d'origine germanique ! Pourtant, les mots suivants viennent sans nul doute du latin : **das Fenster** *(fenestra / fenêtre)*, **der Keller** *(cella / cellier)*, **die Mauer** *(murus / mur)* ou encore **der Wein** *(vinum / vin)*.

Autre exemple bien connu mais dont l'origine est plus complexe qu'il n'y paraît : le mot **kaputt**. Les Français disent souvent être *complètement kaputt*, dans le sens de se sentir éreinté, alors que le mot signifie aussi *cassé* pour un objet. En fait, **kaputt** vient du latin caput qui signifie le « chef » dans le sens de tête (comme dans « couvrechef »). Mais du latin à l'allemand, la langue germanique passe parfois par le français. En effet, en français le mot « capot » (qui donne « capoter ») s'est intégré à une expression de joueurs de cartes, « être capot », qui veut dire qu'on est battu, ruiné, – donc **kaputt**. Passée dans la langue allemande, l'expression française est devenue **kaputt machen**. Avec le temps, **kaputt** a pris les sens que l'on vient de voir.

Vrais amis…

Très perméable aux mots étrangers, l'allemand a surtout importé des mots d'origine française (jusqu'au XVIIIe siècle) et, par la suite, des mots d'origine anglaise. Les emprunts à l'anglais sont à peu près les mêmes que ceux que nous utilisons en français et concernent surtout la modernité. Quant aux mots empruntés au français, ils ne posent a priori pas de problèmes aux francophones, ce qui vous rendra la tâche un peu plus facile, qu'il s'agisse de noms (**Aktionär**, **Karosserie**, **Legionär**, **Literatur**, **Trompete**, etc.), d'adjectifs (**disproportioniert**, **exzeptionell**, etc.) ou de verbes (**betonieren**, **desillusionieren**, **funktionieren**, **addieren**, **annullieren**, etc.). Vous avez compris : prenez la racine d'un verbe français et ajoutez **-ieren**. Attention par moment les mots changent de sens au passage : *blâmer* donne bien **blamieren** mais veut dire « faire honte ». Par contre, **demerdieren** n'a pas encore trouvé son entrée en allemand…

Dans l'autre sens, certains mot français « bien de chez nous » ont une origine germanique. Qui sait, par exemple que *bourgeois* vient de **Bürger**, que *renard* vient de **Reinhart**, *jardin* de **Garten**, *riche* de **reich**, etc… Il en va de même pour certains noms de couleurs : *brun* (**braun**), *blanc* (**blank**), *bleu* (**blau**).

La langue allemande

… et faux amis

Au sens propre et au figuré, il faut se méfier des *faux amis*, comme **der Etat** : *le budget*, **die Infusion** : *la perfusion*, **die Politesse** : *la pervenche*, **die Rakete** : *la fusée*, **partout** : *absolument*, **demonstrieren** : *manifester*.

Très délicat, et devenu un faux ami à connaître absolument, l'adjectif **salopp** a bien une parenté française… mais veut dire strictement le contraire en allemand ! Ainsi, pour les Allemands, **ein salopper Kerl** est une personne sympathique, facile à vivre, bref, un chouette type. On peut aussi être **salopp gekleidet**, quand on est vêtu de façon décontractée – mais avec élégance.

Méfiez-vous également de quelques faux anglicismes, comme **das Handy**, *le téléphone portable*, ou **der Showmaster** (*animateur à la télévision*).

Chacun son genre

Il est important de retenir que l'allemand utilise trois genres différents représentés par trois articles : le masculin par **der** (**der Mond** = *la lune*), le féminin **die** (**die Sonne** = *le soleil*), le neutre **das** (**das Haus** = *la maison*). Mais le *genre* peut être *inverse* de celui du français. Toutes les marques de voitures par exemple sont du masculin car elles héritent du genre du mot générique **der Wagen** (= *la voiture*), on dit ainsi **der Renault**.

Et chacun son dialecte !

Les dialectes sont restés très vivants dans les pays germanophones ; ils sont tous d'origine germanique. Ce qui les distingue les uns des autres, c'est toujours la phonétique (les différences sont souvent importantes), mais aussi le lexique. Pour désigner les mêmes objets, on n'utilise pas toujours les mêmes mots d'un bout à l'autre de l'espace germanophone ; ainsi, le petit pain individuel tant prisé outre-Rhin se dit **das Brötchen** en allemand standard. Mais, selon la situation géographique de la boulangerie, vous allez entendre **das Rundstück** à Hambourg, **die Schrippe** à Berlin, **die Weck** à Stuttgart, **das Weggli** à Bâle, **die Semmel** à Vienne ou à Munich.

Il y a également les différentes façons de dire *bonjour* et *au revoir* **Guten Morgen/Tag** et **Auf Wiedersehen** en allemand standard. Ils deviennent **Grüß Gott** dans le Sud ou **Moin Moin** dans le Nord, **Grüezi**, **Hoi**, **Sali**, en Suisse, **Servus** en Autriche. Pour dire *au revoir* **Tschüss** tend à se généraliser partout, même dans le Sud, ou on entend également **Pfiat'di** ou **Ade** dans le sud et l'Autriche, ou encore **Adieu** et **Auf Wiederluege** en Suisse alémanique.

La Suisse et l'Autriche (on peut ajouter la Bavière) partagent certaines spécificités culturelles et linguistiques, et leurs habitants utilisent des mots qui sont souvent ignorés des zones situées plus au nord.

Les appellations culinaires fleurent bon l'exotisme en Autriche : d'Italie, les Autrichiens ont importé les **Marillen** (*les abricots*) et les **Melanzani** (*les aubergines*), de Grèce, **Fisolen** (*les haricots verts*), de Turquie, le **Kukuruz** (*le maïs*) ; quant aux tomates, elles tirent leur nom du paradis : **die Paradeiser**.

La Suisse compte 75% de germanophones, 20% de francophones et 4% d'italianophones. Les dialectes sont omniprésents dans la partie germanophone. On les regroupe sous le terme de **Schwytzerdytsch** (le suisse allemand). On les entend dans la vie quotidienne, bien sûr, mais aussi dans l'enseignement et à la télévision. À noter le nombre de mots français dans la langue de tous les jours en Suisse alémanique, tels que **Merci vielmals!** ou **das Vélo**, ce qui rend la communication encore plus facile.

La langue italienne

GRAMMAIRE

Il existe en allemand trois **genres** : le masculin, le féminin et le neutre. L'**article** rend les formes suivantes :

	défini (le/la)	*indéfini* (un/une)
masculin	**der**	**ein**
féminin	**die**	**eine**
neutre	**das**	**ein**

La forme du pluriel défini, **die**, est commune pour les trois genres. Le pluriel indéfini (des) ne s'exprime pas :

> **die Kinder** les enfants à → **Kinder** des enfants

Ces formes sont les formes de base. Mais l'allemand distingue les différentes fonctions grammaticales des mots dans la phrase et les indique par des formes particulières (déclinaison). Il existe quatre **cas** qui correspondent à quatre fonctions grammaticales principales :

Le nominatif est le cas du sujet :

> **der Zug fährt ab** le train part

L'accusatif est le cas de l'objet direct du verbe (qui subit l'action) :

> **kennst du den Sänger?** tu connais le chanteur ?

Le datif est le cas de l'objet indirect du verbe (à qui est destinée l'action) :

> **geben Sie den Schlüssel dem Empfangschef**
> donnez la clef au réceptionniste

Le génitif est le cas du complément du nom (le possesseur, par exemple) :

> **der Angfang des Liedes** le début de la chanson

Déclinaison de l'article défini :

	nominatif	*accusatif*	*datif*	*génitif*
masculin	**der**	**den**	**dem**	**des** (+s à la fin du nom)
féminin	**die**	**die**	**der**	**der**
neutre	**das**	**das**	**dem**	**des** (+s à la fin du nom)
pluriel	**die**	**die**	**den** (+ **n**	**der** à la fin du nom)

Déclinaison de l'article indéfini :

	nominatif	*accusatif*	*datif*	*génitif*
masculin	ein	ein**en**	ein**em**	ein**es** (+(**e**)**s** à la fin du nom)
féminin	ein**e**	ein**e**	ein**er**	ein**er**
neutre	ein	ein	ein**em**	ein**es** (+(**e**)**s** à la fin du nom)

N.B. On constate que certaines formes identiques expriment des fonctions différentes. Le reste de la phrase permet de comprendre.

Les cas expriment aussi d'autres fonctions : par exemple, l'accusatif indique aussi le lieu où l'on va, et le datif le lieu où l'on est. Certaines prépositions prennent seulement l'accusatif, d'autres seulement le datif etc.

Contrairement au français, tous les **noms** communs allemands prennent une majuscule.

Souvent, le genre du nom allemand ne correspond pas au genre français : **der Mond** *(m)* la lune, **die Sonne** *(f)* le soleil. Pour vous aider :

Pour les personnes, le genre correspond généralement au sexe : **der Mann** l'homme, **die Frau** la femme.

Les mots ayant des suffixes en **-chen** ou **-lein** (diminutif) sont du genre neutre.

Les mots ayant des suffixes en **-ei**, **-in**, **-ion**, **-heit**, **-keit**, **-schaft**, **-ung**, **-tät** sont du genre féminin.

Le **pluriel** modifie la forme du nom. Il existe plusieurs formes pour le pluriel du nom. Malgré de très nombreuses exceptions, on peut constater quelques tendances générales :

Le pluriel caractéristique du masculin est **-e** (avec éventuellement un tréma sur les voyelles a, o, u). Il peut aussi être en **-er** ou **-en** :
>   **der Freund** l'ami → **die Freunde** les amis
>   **der Mann** l'homme → **die Männer** les hommes

Le pluriel caractéristique du féminin est **-en**. Certains féminins ont un pluriel en **-e**, avec un tréma sur a, o, u :
>   **die Frau** la femme → **die Frauen** les femmes
>   **die Nacht** la nuit → **die Nächte** les nuits

Le pluriel caractéristique du neutre est **-er**, avec un tréma sur les voyelles **a, o, u** :

> **das Kind** l'enfant → **die Kinder** les enfants
> **das Glas** le verre → **die Gläser** les verres

N.B. : certains neutres ont un pluriel en **-e** :

> **das Jahr** (l'année) → **die Jahre** (les années)

En allemand, on peut former des **noms composés** à partir de plusieurs noms. L'élément déterminant est placé devant le mot principal. Ils sont parfois reliés par **-(e)s-** :

> **die Ferien** les vacances + **der Sommer** l'été
> à **die Sommerferien** les vacances d'été
> **die Republik** la république + **der Bund** la fédération
> à **die Bundesrepublik** la république fédérale

L'**adjectif** peut avoir une base simple. Ex : **jung** jeune, **schön** beau. Il peut aussi être formé à partir d'un nom et d'un suffixe, par exemple **-isch** ou **-lich** :

> **der Typ** (le type) + **-isch** à **typisch** (typique)
> **der Freund** (l'ami) + **-lich** à **freundlich** (amical, aimable)

Il n'y a pas de différence entre les adjectifs masculins, féminins et neutres. Cependant l'adjectif épithète (placé près du nom, toujours devant) est soumis aux déclinaisons. Cette déclinaison est différente selon que l'adjectif est précédé d'un article défini ou indéfini (voir tableau ci-dessous).

Si l'adjectif est attribut (séparé du nom par le verbe d'état), il est invariable :

> **der Mann/das Kind ist schön** l'homme/l'enfant est beau
> **die Frau ist schön** la femme est belle

Déclinaison de l'adjectif en fonction de l'article :

	nominatif	*accusatif*	*datif*	*génitif*
masculin	der junge Mann ein junger Mann	den/einen jungen Mann	dem/einem jungen Mann	des/eines jungen Mannes
féminin	die/eine junge Frau	die/eine junge Frau	der/einer jungen Frau	der/einer jungen Frau
neutre	das junge Kind ein junges Kind	das junge Kind ein junges Kind	dem/einem jungen Kind	des/eines jungen Kindes
pluriel	die jungen Frauen junge Frauen	die jungen Frauen junge Frauen	den jungen Frauen jungen Frauen	der jungen Frauen junger Frauen

L'adjectif et **l'adverbe** ont le plus souvent la même forme :
   der Mann ist freundlich l'homme est aimable
   der Mann spricht freundlich l'homme parle aimablement/avec
   amabilité

L'adjectif démonstratif :

masculin	*féminin*	neutre	*pluriel*
dieser	**diese**	**dieses**	**diese**

L'adjectif démonstratif se décline comme l'article défini **der, die, das** :
   ich sehe den Mann je vois l'homme
   ich sehe diesen Mann je vois cet homme

L'adjectif possessif

	je	*tu*	*il*	*elle*	*nous*	*vous*	*leur*
object masculin	mein	dein	sein	ihr	unser	euer	ihr/Ihr
object féminin	meine	deine	seine	ihre	unsere	eure	ihre/Ihre
object neutre	mein	dein	sein	ihr	unser	euer	ihr/Ihr

L'adjectif possessif se décline comme l'article indéfini **ein, eine, ein** :
   ich sehe ein Kind je vois un enfant
   ich sehe dein Kind je vois ton enfant

Les pronoms personnels sujets :

je	tu	il	elle	nous	vous (pl)	ils/vous (sing)
ich	du	er	sie	wir	ihr	sie/Sie

Le pronom personnel aussi est modifié selon sa fonction grammaticale. Il se décline ainsi :

nominatif	ich	du	er	sie	wir	ihr	sie/Sie
accusatif	mich	dich	ihn	sie	uns	euch	sie/Sie
datif	mir	dir	ihm	ihr	uns	euch	ihnen/Ihnen

L'infinitif du **verbe** allemand est constitué de la base verbale (radical) + **-(e)n**. Ex : **haben** avoir, **sein** être, **machen** faire.

Le radical reçoit des terminaisons en fonction du temps et de la personne. Il y a deux catégories de verbes : les verbes faibles (ou réguliers), dont le radical est toujours le même ; et les verbes forts (irréguliers), dont le radical se modifie suivant les personnes et les temps. Il faut savoir, lorsqu'on apprend un nouveau verbe, s'il est fort ou faible. Lorsqu'il est fort, il faut apprendre les différentes modifications de la voyelle du radical.

Le présent

Les verbes **haben** (avoir) et **sein** (être) ont une conjugaison spéciale qu'il faut apprendre par cœur :

haben	**sein**
ich habe	ich bin
du hast	du bist
er/sie hat	er ist
wir haben	wir sind
ihr habt	ihr seid
sie haben	sie sind

Les verbes faibles se conjuguent selon le modèle suivant :

machen (faire)

ich mache	wir machen
du machst	ihr macht
er/sie macht	sie machen

N.B. : lorsque le radical se termine par d, t ou consonne + m ou n, on intercale un **-e-** aux 2ème et 3ème personnes du singulier et à la 2ème personne du pluriel. Ex : **arbeiten** (travailler) **er arbeitet** (il travaille).

Les verbes forts conjugués au présent reçoivent les mêmes terminaisons, mais beaucoup modifient la voyelle de leur radical aux 2ème et 3ème personnes du singulier :

Radical en **-e-** à **-i-**
    sprechen (parler) à **ich spreche, du sprichst, er spricht** …

Radical en **-a-** ou **-au-** → **-ä-** ou **-äu-**
    tragen (porter) → **ich trage, du trägst, er trägt** ...
    laufen (marcher) → **ich laufe, du läufst, er läuft** ...

Comme en français, le **passé composé** allemand est constitué d'un auxiliaire conjugué au présent (**haben** ou **sein**) et d'un participe passé (régulier ou irrégulier selon que les verbes sont faibles ou forts).

Le participe des verbes faibles se forme ainsi : **ge-** + radical + **-t** :
    machen (faire) → **gemacht** (fait)
    arbeiten (travailler) → **gearbeitet** (travaillé)

N.B. Le participe passé des verbes d'origine étrangère et de ceux qui commencent par **be-, ent-, emp-, er-, ge-, ver-, zer-** ne prennent pas **ge-** :
    reparieren (réparer) → **repariert** (réparé)
    besichtigen (visiter) → **besichtigt** (visité)

Le participe des verbes forts se forme ainsi : **ge-** + radical éventuellement modifié + **-en** :
    sprechen (parler) → **gesprochen** (parlé)
    lesen (lire) → **gelesen** (lu)

N.B. Le participe passé de **sein** est irrégulier : **gewesen** (été).

L'auxiliaire utilisé n'est pas toujours le même qu'en français. Les verbes qui expriment un changement d'état ou de lieu se conjuguent avec l'auxiliaire **sein** :
    wachsen (grandir) → **ich bin gewachsen** (j'ai grandi)
    laufen (marcher) → **ich bin gelaufen** (j'ai marché)

Grammaire

Grammaire

Tous les autres verbes (verbes d'état, verbes transitifs et réfléchis) se conjuguent avec **haben.**

Exception : deux verbes d'état conjugués avec **sein** : **sein** (être) **ich bin gewesen** (j'ai été), **bleiben** (rester) **ich bin geblieben** (je suis resté).

L'**imparfait** des verbes faibles se conjugue selon le modèle suivant :

ich mach**te** (je faisais)	wir mach**ten**
du mach**test**	ihr mach**tet**
er/sie mach**te**	sie mach**ten**

Conjugaison de l'imparfait des verbes forts :

sprechen (parler)

ich sprach (je parlais)	wir sprach**en**
du sprach**st**	ihr sprach**et**
er sprach	sie sprach**en**

Quelques formes courantes à l'imparfait :

ich war j'étais	**ich dachte** je pensais
ich hatte j'avais	**ich wusste** je savais
ich kam je venais	**ich wollte** je voulais
ich ging j'allais	**ich musste** je devais

En allemand, le **futur** est un temps composé, mais il n'est pas difficile à former ; il est régulier pour tous les verbes. On utilise le verbe auxiliaire **werden** suivi de l'infinitif du verbe :

> **machen** (faire) à **ich werde machen** (je ferai)
> **sprechen** (parler) à **ich werde sprechen** (je parlerai)

Conjugaison de l'auxiliaire **werden** :

ich werde	**wir werden**
du wirst	**ihr werdet**
er/sie wird	**sie werden**

Nicht est le mot **négatif** de base. Dans une phrase simple, il se place après le verbe :

> **ich weiß** à je sais **ich weiß nicht** à je ne sais pas

Il s'emploie dans les formules négatives **noch nicht** (ne … pas encore), **nicht mehr** (ne … plus).

On utilise la négation **kein** (pas de …) avec un groupe nominal indéfini (un/des). Il se décline alors exactement comme **ein** :

> **ich sehe einen Hund** (je vois un chien) à **ich sehe keinen Hund** (je ne vois pas de chien)

L'ordre des mots dans la phrase allemande est souvent différent du français. Voici quelques règles pour la phrase simple :

Dans la phrase affirmative, le verbe conjugué est toujours en deuxième position. Le sujet est donc souvent à la première place, mais ce n'est pas obligatoire :

> **Peter kommt heute** = **heute kommt Peter** Peter vient aujourd'hui

L'infinitif et le participe passé sont toujours en dernière position :

> **Peter ist gestern gekommen** Peter est venu hier
> **Peter wird morgen kommen** Peter viendra demain

Dans la phrase interrogative simple, le verbe conjugué est en première position :

> **kommt Peter heute?** Peter vient-il aujourd'hui ?

Lorsque la question comprend un pronom interrogatif, l'ordre de la phrase est le suivant : pronom interrogatif + verbe + sujet.

> **warum kommt Peter heute?** pourquoi Peter vient-il aujourd'hui ?

ⓘ Les Allemands font moins spontanément la bise que les Français ; même entre garçons et filles, on préfère se serrer la main. Pour vouvoyer, on utilise le pronom personnel **Sie** qui correspond à la troisième personne du pluriel. Dans le contexte professionnel, il est préférable d'appeler la personne par son nom de famille précédé de **Herr ...** ou **Frau ...** (Monsieur/Madame). Beaucoup de professionnels ont le titre de **Doktor** (professeurs, responsables d'entreprises etc). Il est conseillé au début d'utiliser ce titre sous la forme **Herr/Frau Doktor ...** + le nom de famille. Entre jeunes et dans un cercle d'amis, le tutoiement se pratique beaucoup. Mais comme pour la bise, attendez qu'on vous le propose, c'est plus sûr.

Pour commencer

au revoir	auf Wiedersehen *âouf**vi**deurzé-eun'*
bonjour	guten Tag *gouteun'**tag***
d'accord	einverstanden *aïn'fèrchtan'deun'*
excusez-moi *(pour attirer l'attention)*	Verzeihung *fèrtsaïoun'g*
excusez-moi *(pour s'excuser)*	Entschuldigung *èn'**tchou**ldigoun'g*
merci	danke *dan'ke*
non	nein *naïn'*
non merci	nein danke *naïn' **dan**'ke*
ok	ok *oké*
oui	ja *ia*
pardon (Monsieur/Madame)	Entschuldigung *èn'**tchou**ldigoun'g*
si	doch *dorr*
s'il te/vous plaît	bitte *bitte*
à bientôt	bis bald *biss **balt***
à demain	bis morgen *biss **mor**gueun'*
à plus tard	bis später *biss **chpè**teur*
bonne nuit	gute Nacht *goute **narrt***
bonsoir	guten Abend *gouteun' **a**beunt*

Formules de base

S'exprimer

j'aimerais …
ich würde gern …
*ish **vur**de guern …*

nous aimerions …
wir würden gern …
*vir **vur**deun' guern …*

je voudrais …
ich möchte …
*ish **meu**shte …*

nous voudrions …
wir möchten …
*vir **meu**shteun …*

est-ce que tu veux … ?
willst du …?
***vilst** dou … ?*

est-ce que vous voulez … ?
wollen Sie …?
***vol**eun' zi … ?*

où est … ?
wo ist …?
***vô** ist … ?*

où sont … ?
wo sind …?
***vô** zin't … ?*

est-ce qu'il y a un(e) … (ici) ?
gibt es hier eine(n)/ein …?
***guipt** èss hir aïne/aïneun'/aïn … ?*

c'est (ça coûte) combien ?
wie viel kostet das?
*vifîl **kos**teut dass ?*

qu'est-ce que c'est ?
was ist das?
vass ist dass ?

comment … ?
wie …?
vî … ?

pourquoi … ?
warum …?
*va**roum** … ?*

quand … ?
wann …?
van' … ?

est-ce que vous parlez français ?
sprechen Sie französisch?
***chprè**sheun' zi fran'**tseu**zich ?*

comment ça se dit en allemand ?
wie sagt man das auf Deutsch?
***vi** zagt man' dass âouf **doïtch** ?*

où sont les toilettes, s'il vous plaît ?
wo sind die Toiletten, bitte?
***vô** zin't di toi**lett**eun', bitte ?*

comment allez-vous ?
wie geht es Ihnen?
*vi **guét** ess îneun' ?*

je suis (vraiment) désolé
es tut mir (wirklich) Leid
*ess **tout'** mir (**vir**klish) laït*

très bien, merci ; et vous-même ?
danke, sehr gut; und Ihnen?
***dan**'ke, zér **gout** ; ount îneun'?*

salut, ça va ?
hallo, wie geht's?
***ha**llo, vi **guéts** ?*

ça va, et toi ?
danke, und dir?
***dan**'ke, ount **dir** ?*

merci beaucoup
vielen Dank
fî**leun' **dan'k

il n'y a pas de quoi
keine Ursache
*kaïne **our**zarre*

ah bon ?
tatsächlich?
*tât**zèsh**lish ?*

merde !
scheiße!
***chaï**sse !*

Comprendre

Achtung	attention
Ausgang	sortie
Eintritt	entrée
freier Eintritt	entrée libre
gebührenpflichtig	payant
geöffnet	ouvert
geschlossen	fermé
kostenlos	gratuit
kostenpflichtig	payant
reserviert	réservé
Toiletten (Damen)	toilettes (femmes)
Toiletten (Herren)	toilettes (hommes)
... verboten	défense de …
es gibt …	il y a …

willkommen
bienvenue

stört es Sie, wenn … ?
ça vous dérange si … ?

einen Augenblick, bitte
un moment, s'il vous plaît

setzen Sie sich doch
asseyez-vous, je vous en prie

Problèmes de compréhension

S'exprimer

est-ce que vous pourriez parler plus lentement ?
können Sie bitte langsamer sprechen?
keuneun' zi bitte lan'gzameur chprèsheun' ?

vous pouvez répéter ?
können Sie wiederholen?
keuneun' zi videurhôleun' ?

je parle à peine l'allemand
ich spreche kaum Deutsch
ish chprèche kâoum doïtch

je ne comprends pas
ich verstehe nicht
ish vèrchtéhe nisht

je ne comprends rien
ich verstehe nichts
ish vèrchtéhe nishts

je comprends un petit peu
ich verstehe ein bisschen
ish vèrchtéhe aïn' biss-sheun'

je n'ai pas compris
ich habe nicht verstanden
ish habe nisht vèrchtan'deun'

j'arrive à comprendre l'allemand mais je ne peux pas le parler
ich verstehe Deutsch, aber ich spreche es nicht
ish vèrchtéhe doïtch, âbeur' ish chprèshe èss nisht

j'ai du mal à comprendre/parler
ich habe Schwierigkeiten zu verstehen/sprechen
ish habe chvîrishkaïteun' tsou vèrchtéheun'/chprèsheun'

est-ce que vous parlez français ?
sprechen Sie Französich?
chprèsheun' zi fran'tseuzish ?

pardon ?
wie bitte?
vî bitte ?

quoi ?
was?
vass ?

hein ?
hä?
hè ?

comment est-ce qu'on dit … en allemand ?
wie sagt man … auf Deutsch?
vi zâgt man' … âouf doïtch ?

comment ça s'écrit ?
wie schreibt man das?
vi chraïpt man' dass ?

comment on appelle ça ?
wie nennt man das?
vi nèn't man' dass ?

est-ce que vous pourriez l'écrire ?
können Sie es aufschreiben?
keuneun' zi èss âoufchraïbeun' ?

qu'est-ce qui se passe ?
was ist los?
vass ist lôs ?

Comprendre

verstehen Sie Deutsch?
est-ce que vous comprenez l'allemand ?

das schreibt man …   **das bedeutet …**
ça s'écrit …   ça veut dire …

das ist eine Art …
c'est une sorte de …

Parler de la langue

S'exprimer

j'ai appris quelques mots avec un bouquin
ich habe ein paar Worte in einem Lehrbuch gelernt
ish habe aïn' pâr vorte in' aïneum lérbourr guélèrnt

j'en avais fait à l'école mais j'ai tout oublié
ich hatte es in der Schule gelernt, aber ich habe alles vergessen
ish hatte èss in' dér choule guélèrnt, âbeur ish habe alleus fèrguèsseun'

je me débrouille à peu près   **je ne sais presque rien**
ich spreche so einigermaßen   ich weiß fast nichts
ish chprèshe zô aïnigueurmâsseun'   *ish vaïss fast nishts*

il y a des sons difficiles à prononcer
manche Laute sind schwierig auszusprechen
man'she lâoute zin't chvîrish âoustsousprècheun'

je connais les bases mais pas plus
ich kenne wirklich nur die Grundlagen
ish kène vîrklish nour di groun'tlâgueun'

26

je trouve ça difficile
ich finde das schwierig
*ish fin'de dass **chvî**rish*

ça aide de connaître un peu d'anglais
es hilft, ein wenig Englisch zu sprechen
*ess **hilft** aïn' wénish **èn'g**lish tsou chprècheun'*

les gens parlent tellement vite
die Leute sprechen so schnell
*di loïte chprèsheun' zô **chnèl***

Comprendre

Sie haben fast keinen Akzent
vous n'avez pas beaucoup d'accent

ich finde, du sprichst sehr gut
je trouve que tu te débrouilles très bien

du sprichst sehr gut
tu parles très bien

Demander son chemin

S'exprimer

excusez-moi, où est …, s'il vous plaît ?
Verzeihung, wo ist …, bitte?
*fèr**tsaï**oun'g, **vô** ist …, bite ?*

…, c'est par où ?
in welcher Richtung ist …?
*in' **vèl**sheur rishtoun'g ist … ?*

je cherche …
ich suche …
*ish **zou**rre …*

est-ce que vous pouvez me dire comment aller à … ?
können Sie mir sagen, wie man zu/nach ... kommt?
***keu**neun' zi mir **zâ**gueun', vi man' tsou/narr … komt ?*

quelle est la route pour … ?
welche Straße führt nach ...?
***vèl**she chtrâsse vûrt narr … ?*

est-ce que vous pourriez me montrer sur le plan ?
könnten Sie es mir auf der Karte zeigen?
keun'teun' zi èss mir âouf dér karte tsaïgueun' ?

est-ce qu'il y a un plan de la ville quelque part ?
gibt es irgendwo einen Stadtplan?
guipt èss irgueun'tvô aïneun' chtatplân' ?

c'est loin ?
ist es weit?
ist èss vaït ?

je suis complètement/un peu perdu
ich habe die Orientierung völlig/ein bisschen verloren
ish habe di orièn'tîroun'g feullish/aïn' biss-sheun' fèrlôreun'

je me suis perdu
ich habe mich verlaufen *(à pied)*/verfahren *(en voiture)*
ish habe mish fèrlâoufeun'/fèrfâreun'

je crois que je me suis trompé
ich glaube, ich habe mich geirrt
ish glâoube, ish habe mish gué-irt

Comprendre

abbiegen	tourner
folgen	suivre
geradeaus	tout droit
hinaufgehen	monter
hinuntergehen	descendre
links	gauche
rechts	droite
umkehren	faire demi-tour
weiterfahren	continuer *(en voiture)*
weitergehen	continuer *(à pied)*

sind Sie zu Fuß oder mit dem Auto unterwegs?
vous êtes à pied ou en voiture ?

es dauert fünf Minuten zu Fuß/mit dem Auto
c'est à 5 minutes à pied/en voiture

es ist die zweite Straße rechts
c'est la deuxième rue à droite

nehmen Sie nach der Ampel die erste Straße links
prenez la première rue à gauche après le feu

nehmen Sie die nächste Ausfahrt
prenez la prochaine sortie

gehen/fahren Sie weiter bis zu einem großen weißen Gebäude
allez/continuez tout droit jusqu'à un grand bâtiment blanc

es ist ganz in der Nähe/ziemlich weit/in dieser Gegend
c'est tout près/assez loin/dans le coin

es ist gleich da/nach der Kreuzung
c'est juste là/après le carrefour

Sie werden sehen, es ist ausgeschildert
vous verrez, c'est indiqué

Sie sind fast da, sehen Sie das grüne Schild, da ist es gegenüber
vous y êtes presque, vous voyez le panneau vert, c'est en face

folgen Sie mir, ich führe Sie hin
suivez-moi, je vais vous y conduire

Pour commencer

adorer	toll finden **tol** fin'deun'
aimer *(apprécier)*	gern mögen guern **meu**gueun'
beau	schön cheun'
bien	gut gout'
bon marché	billig **bi**lish
cher	teuer **toï**eur
détester	gar nicht mögen gar nisht **meu**gueun'
intéressant	interessant in'téréss**an't'**
magnifique	großartig **grôss**-ârtish
nul	langweilig **lan'g**-vaïlish
ok	ok ok**é**
pas mal	nicht schlecht nisht **chlèsh**t
super	toll tol
très bien	sehr gut zér g**out'**
vacances	Ferien **fé**rieun'

Se présenter, parler de soi

S'exprimer

je m'appelle …, et toi ?
ich heiße … und du?
ish **haïss**e … ount **dou** ?

 … et vous ?
und Sie?
ount **zi** ?

comment t'appelles-tu ?
wie heißt du?
vi **haïs**st dou ?

comment vous appelez-vous ?
wie heißen Sie?
vi haïsseun' zi ?

tu es d'ici ?
bist du von hier?
bist dou fon' **hîr** ?

vous êtes d'ici ?
sind Sie von hier?
zin't zi fon' **hîr** ?

je te/vous présente …
das ist …
dass **ist …**

(enchanté,) moi c'est …
(sehr erfreut,) ich bin …
(zér ér**froït**,) ish bin' …

je suis français(e)
ich bin Franzose/Französin
ish bin' fran'tsôze/fran'tsôzin'

je viens de …
ich komme aus …
ish komme âouss …

quel âge as-tu ?
wie alt bist du?
vi alt bist dou ?

j'ai 22 ans
ich bin zweiundzwanzig
ish bin' tsvaïounttsvan'tsish

qu'est-ce que vous faites dans la vie ?
was machen Sie so?
vass marreun' zi zô ?

tu es étudiant ?
bist du Student?
bist dou chtoudèn't ?

je travaille
ich arbeite
ish arbaïte

je fais des études d'économie
ich studiere Wirtschaft
ish chtoudîre virtchaft

tu travailles dans quoi ?
in welchem Bereich arbeitest du?
in' vèlsheum béraïsh arbaïteust dou ?

vous travaillez dans quoi ?
in welchem Bereich arbeiten Sie?
in' vèlsheum béraïsh arbaïteun' zi ?

je suis prof
ich bin Lehrer
ish bin' léreur

je suis à la retraite
ich bin Rentner
ish bin' rèn'tneur

je travaille dans le marketing
ich arbeite im Marketing
ish arbaïte im' mârketin'g

moi aussi
ich auch
ish âourr

j'ai deux enfants, un de 3 ans et l'autre de 9 ans
ich habe zwei Kinder, drei und neun Jahre alt
ish habe tsvaï kin'deur, draï ount noïn' iâre alt

ils ont quel âge ?
wie alt sind sie?
vi alt zin't zi ?

est-ce que vous êtes déjà allé en France ?
sind Sie schon in Frankreich gewesen?
sin't zi chôn' in' fran'kraïsh géwézeun' ?

Comprendre

sind Sie Franzose/Französin?
vous êtes français ?

wir haben hier ein Ferienhaus
nous avons une maison ici pour l'été

ich kenne Frankreich gut
je connais bien la France

ich habe Verwandte in Frankreich
j'ai de la famille en France

ich würde gern Paris kennen lernen
j'aimerais beaucoup connaître Paris

Parler de son séjour

S'exprimer

je suis arrivé il y a 3 jours
ich bin vor drei Tagen angekommen
*ish bin' fôr draï tagueun **an'**gué**kom**meun'*

c'est la première fois que je viens
ich bin zum ersten Mal hier
*ish bin' tsoum **ers**teun' mâl hîr*

je ne suis ici que pour 3 jours
ich bin nur für drei Tage hier
*ish bin' **nour** fur draï tague hîr*

je suis seulement de passage ici
ich bin hier nur auf Durchreise
*ish bin' nour âouf **doursh**-raïze*

on est venus pour notre anniversaire de mariage
wir sind zu unserem Hochzeitstag hier
*vir zin't tsou **oun**zereum **hôrr**tsaïtstag hîr*

c'est notre lune de miel
das ist unsere Hochzeitsreise
*dass ist **oun**zereu **hôrr**tsaïtsraïze*

je suis venu rejoindre des amis
ich bin hier, um Freunde zu treffen
*sh bin' hîr oum **froïn**'de tsou trèffeun'*

je suis venu avec une amie
ich bin mit einer Freundin hier
*ish bin' mit aïneur **froïn**'din' hîr*

je suis en vacances
ich bin im Urlaub
*ish bin' im' **our**lâoup*

je suis ici pour mon travail
ich bin geschäftlich hier
*ish bin' gué**chèft**lish hîr*

je visite la région
ich bereise die Gegend
ish béraïze di gégueun't

nous visitons la région
wir bereisen die Gegend
vir béraïzeun' di guégueun't

on m'a conseillé d'aller à …
man hat mir empfohlen, nach … zu gehen
man' hat mir ém'pfôleun', narr … tsou gué-eun

j'ai l'intention d'aller à …
ich habe vor, nach … zu gehen
ish habe fôr, narr … tsou gué-eun'

Comprendre

noch einen schönen Aufenthalt! bonne fin de séjour !
gute Weiterreise! bonne continuation !
vielleicht bis zum nächsten Mal! à une prochaine !

sind Sie zum ersten Mal hier?
c'est la première fois que vous venez ici ?

wie lange bist du schon hier?
ça fait combien de temps que tu es ici ?

gefällt es Ihnen? **schöne Ferien!**
ça vous plaît ? passez de bonnes vacances !

haben Sie … schon besichtigt?
vous avez déjà été visiter … ?

Garder contact

S'exprimer

on reste en contact, hein ?
wir bleiben in Kontakt, ja?
vir blaïbeun' in' kon'takt, ia ?

je peux te donner mon adresse e-mail
ich kann dir meine E-Mail-Adresse geben
ish kan' dir maïne iméil-adresse guébeun'

voilà mes coordonnées en France, si vous passez un jour
hier ist meine Adresse in Frankreich, wenn Sie einmal in der Nähe sind
*hîr ist maïne adresse in' **fran**'kraïsh, vèn' zi **aïn**'mal in' dér **nè**he zin't*

Comprendre

gibst du mir deine Adresse?
tu me donnes ton adresse ?

haben Sie eine E-Mail-Adresse?
est-ce que vous avez une adresse e-mail ?

Sie sind jederzeit willkommen
vous êtes toujours les bienvenus

Échanger ses impressions

S'exprimer

c'est une bonne idée, pourquoi pas ?
das ist eine gute Idee, warum nicht?
*dass ist aïne goute id**é**, va**r**oum nisht ?*

c'est génial
das ist toll
*dass ist **tol***

c'était génial
das war toll
*dass var **tol***

ça me plaît
das gefällt mir
*dass gué**fèlt** mir*

j'adore …
ich finde … toll
*ish fin'de … **tol***

j'aime beaucoup …
mir gefällt … sehr
*mir gué**fèlt** … **zér***

j'ai beaucoup aimé …
mir hat sehr gefallen …
*mir hat **zér** gué**fal**eun …*

je n'aime pas beaucoup …
mir gefällt … nicht besonders
*mir gué**fèlt** … nisht beu**zon**'deurs*

j'aimerais bien …
ich würde gern …
*ish vurde **guern** …*

je trouve ça …
ich finde das …
*ish **fin**'de dass …*

ça ne me dit pas trop
das sagt mir nicht besonders zu
*dass zagt mir nisht bé**zon**'deurs tsou*

je suis d'accord
ich bin einverstanden
*ish bin' **aïn**'fèrchtan'deun'*

je ne suis pas d'accord
ich bin nicht einverstanden
*ish bin' nisht **aïn**'fèrchtan'deun'*

je ne sais pas
ich weiß nicht
*ish **vaï**ss nisht*

ça m'est égal
das ist mir egal
*dass ist mir é**gal***

ça m'énerve
das nervt mich
*dass **nerf**t mish*

je me suis ennuyé à mourir
ich habe mich zu Tode gelangweilt
*ish habe mish tsou **tô**de gué**lan**'gvaïlt*

c'est de l'arnaque
das ist unverschämt
*dass ist **oun**'fèrchèmt*

c'est un attrape-touristes
das ist eine Touristenfalle
*dass ist aïne tou**ris**teun'falle*

c'est très animé le soir
da ist abends viel los
*da ist **â**beun'ts fîl lôs*

il y a trop de monde
es ist überfüllt
*ess ist ûbeur**ful**t*

il y avait beaucoup de monde
es waren viele Leute da
*ess **vâ**reun' fîle **loï**te da*

je n'ai pas compris grand-chose
ich habe nicht viel verstanden
*ish habe nisht fîl vèr**chtan**'deun'*

on s'est bien amusés
wir haben uns gut unterhalten
*vir habeun' oun's gout' oun'teur**hal**teun'*

il y avait une super bonne ambiance
es war eine tolle Stimmung
*ess var aîne **tol**le **chti**moun'g*

j'ai rencontré des gens très sympas
ich habe sehr nette Leute kennen gelernt
*ish habe **zér** nette loïte **kè**neun'gué**lernt***

on a trouvé un petit hôtel très sympa
wir haben ein nettes kleines Hotel gefunden
*vir habeun' aïn netteus klaïneus Hô**tel** gué**foun**'deun'*

FAIRE CONNAISSANCE

Comprendre

magst du …?
est-ce que tu aimes … ?

hat es dir gefallen?
ça t'a plu ?

wir könnten …
on pourrait …

hast du Lust, …?
ça te dit de … ?

und wenn wir …?
et si on … ?

es gibt dort nichts besonderes zu sehen
ça n'a rien d'exceptionnel

das ist eine sehr schöne Gegend
c'est une très belle région

Sie sollten hingehen
vous devriez y aller

das lohnt einen Umweg
ça vaut le détour

es ist besser, unter der Woche hinzugehen; da ist weniger los
il vaut mieux y aller en semaine, il y a moins de monde

Sie müssen unbedingt … probieren
il faut absolument que vous goûtiez …

Quelques expressions familières

beschissen chiant
wir haben uns wie verrückt amüsiert on s'est éclatés

Parler du temps qu'il fait

S'exprimer

wie ist die Wettervorhersage für morgen?
vi ist di vetteur-vôr**hér**zague fur **mor**gueun' ?

il va faire mauvais
es wird schlecht
ess virt **chlèsht**

il va faire beau
es wird schön
ess virt **cheun'**

quel sale temps !
was für ein scheußliches Wetter!
*vass fur aïn **choïss**lisheus vetteur !*

on a de la chance avec le temps
wir haben Glück mit dem Wetter
*vir habeun' **gluk** mit dém vetteur*

il a fait un temps magnifique
wir hatten herrliches Wetter
*vir hatteun' **hèr**lisheus vetteur*

il fait vraiment chaud
es ist wirklich heiß
*ess ist **virk**lish haïss*

il a fait plus de 35 (degrés)
wir hatten mehr als fünfundreißig Grad
*vir hateun' **mér** als fun'f ount **draï**ssish grad*

quelle belle journée, hein ?
schöner Tag, nicht?
*cheuneur **tag**, nisht ?*

il fait froid le soir
abends ist es kalt
*âbeun'ts ist ess **kalt***

il fait humide
es ist feucht
*ess ist **foïsht***

Comprendre

es könnte Regen geben
il risque de pleuvoir

sie haben schönes Wetter für die ganze Woche angekündigt
ils ont prévu du beau temps pour toute la semaine

Quelques expressions familières

es ist bitterkalt il fait un froid de canard
es ist eine Bullenhitze il fait une chaleur à crever
ein Sauwetter un temps pourri

VOYAGER, SE DÉPLACER

Pour commencer

aéroport	der Flughafen *dér **floug**-hafeun'*
aller-retour	*(train, bus)* der Hin-und Rückfahrschein *dér **hin'** oun't **ruk** fârchaïn'; (avion)* das Rückflugticket *dass **ruk** flouktiket*
aller simple	*(train, bus)* ein einfacher Fahrschein *aïn' aïn-farreur **fâr**chaïn'; (avion)* ein einfacher Flug *aïn' **aïn**farreur **floug***
arrêt de bus	die Bushaltestelle *di **bous**haltchtelle*
autoroute	die Autobahn *di **âou**tobân'*
avion	das Flugzeug *dass flougtsoïg*
bagages	das Gepäck *dass gué**pèk***
bateau	das Schiff *dass ch**i**f*
billet	der Fahrschein *dér **fâr**chaïn'*
bus	der Omnibus *dér **o**mnibouss*
car	der Bus *dér bouss*
carte	die Karte *di **kar**te*
centre-ville	das Stadtzentrum *dass **chtat**-tsèn'troum*
consigne	die Gepäckaufgabe *di gué**pèk**âoufgâbe*
embarquement	das Einchecken *dass **aïn'**tchèkeun'*
enregistrement	die Reiseabfertigung *di **raïze**ap**fertigoun'g*
ferry	die Fähre *di **fè**re*
gare	der Bahnhof *dér **bân**hôf*
gare routière	der Busbahnhof *dér **bouss**bânhôf*
horaires	der Fahrplan *dér **fâr**plân'*
louer	mieten **mî**teun'*
métro	die U-Bahn *di **ou**bân'*
navette	der Shuttlebus *dér **cha**teulbouss*
passeport	der Reisepass *dér **raïze**pass*
plan	der (Stadt-)Plan *dér (**chtat**)plân'*
porte	der Flugsteig *dér **floug**chtaïg*
quai	der Bahnsteig *dér **bân**chtaïg*
réserver	reservieren *rézer**vî**reun'*
route	die Straße *di **chtrâ**sse*
rue	die Straße *di **chtrâ**sse*
station de métro	die U-Bahnstation *di **ou**bân'chtatsiôn'*

taxi	das Taxi *das taxi*
terminal	das Terminal *dass terminâl*
ticket	*(train, bus)* der Fahrschein *dér fârchaïn'*;
(avion)	das Ticket *dass tiket'*
train	der Zug *dér tsoug*
tramway	die Straßenbahn *di chtrâsseun'bân'*
voiture	der Wagen *dér vagueun'*
vol	der Flug *dér floug*

S'exprimer

où est-ce que je peux acheter des billets ?
wo kann ich Fahrscheine lösen?
***vô** kan' ish **fâr**chaïne **leu**zeun' ?*

un billet pour …
einen Fahrschein nach …
*aïneun' **fâr**chaïn narr …*

je voudrais réserver un billet
ich möchte eine Fahrt reservieren
*ish meushte aïne **fârt** rézervîreun'*

combien coûte un billet pour … ?
wie viel kostet eine Fahrt nach …?
*vifil **kos**teut aïne fârt narr … ?*

est-ce qu'il y a des réductions pour les étudiants ?
gibt es Studentenermäßigung?
*guipt ess chtou**dèn**'teun'er**mès**sigoun'g ?*

est-ce que vous auriez un dépliant avec les horaires ?
kann ich einen Fahrplan haben?
*kan' ish aïneun' **fâr**plân' habeun' ?*

est-ce qu'il vous reste des places pour … ?
haben sie noch Plätze nach …?
*habeun' so norr **plèt**se narr … ?*

il n'y en a pas plus tôt/tard ?
früher/später haben Sie nichts?
***fru**-eur/**chpè**teur habeun' zi **nichts** ?*

désolé, il y a déjà quelqu'un
es tut mir Leid, es ist schon belegt
*ess tout mir **laït**, ess ist chôn' bé**légt***

combien de temps dure le voyage ?
wie lange dauert die Reise?
*vi **lan**'gue dâoueurt di **raï**ze ?*

est-ce que cette place est libre ?
ist dieser Platz frei?
*ist dizer plats **fraï** ?*

Comprendre

Abfahrt	départ
Ankunft	arrivée
Anschluss	correspondance
Ausgang	sortie
Auskunft	renseignements
Damentoiletten	toilettes pour femmes
Eingang	entrée
gestrichen, gecancelt	annulé
Herrentoiletten	toilettes pour hommes
Toiletten	toilettes
Umsteigen	correspondances
verspätet	retardé
Zutritt verboten	entrée interdite

es ist alles belegt
tout est complet

En avion

ⓘ Les vols intérieurs sont nombreux, mais les prix sont souvent prohibitifs comparés au train. En dehors de Lufthansa Airlines, de nombreuses compagnies plus petites assurent les liaisons entre les différentes villes, et relient aussi les îles de la Frise du Nord.

S'exprimer

où est l'enregistrement des bagages pour Lufthansa Airlines ?
wo ist die Reiseabfertigung der Lufthansa Airlines?
*vô ist di **raïze-ap**fertigoun'g dér loufthan'za **èr**laïns ?*

une valise et un bagage à main
ein Koffer und ein Handgepäck
*aïn' **kof**feur oun't aïn' **han't**guépèk*

je voudrais confirmer mon vol de retour
ich möchte meinen Rückflug bestätigen
*ish meushte maïneun' **ruk**floug bé**chtè**tigueun'*

il me manque une valise
mir fehlt ein Koffer
*mir félt aïn **kof**feur*

à quelle heure embarque-t-on ?
um wie viel Uhr checken wir ein?
*oum vifil **our** tchèkeun' vir **aïn'** ?*

mes bagages ne sont pas arrivés
mein Gepäck ist nicht angekommen
*maïn' gué**pèk** ist nisht **an'**gué**ko**mmeun'*

l'avion a eu 2 heures de retard
das Flugzeug hatte zwei Stunden Verspätung
*dass **floug**tsoïg hatte tsvaï **chtoun'**deun' fer**chpèt**oun'g*

j'ai raté ma correspondance
ich habe den Anschluss verpasst
*ish habe dén **an'**chlouss fer**passt***

j'ai oublié quelque chose dans l'avion
ich habe etwas im Flugzeug vergessen
*ish habe etvass im' **floug**tsoïg fer**gue**sseun'*

je voudrais faire une déclaration de perte pour mes bagages
ich möchte eine Verlustanzeige für mein Gepäck aufgeben
*ish meushte aïne fer**lous**tan'tsaïgue fur maïn gué**pèk â**ouf'guébeun'*

Comprendre

Einchecken (sofort)	embarquement (immédiat)
Eincheckhalle	salle d'embarquement
Gepäckaufgabe	enregistrement des bagages
Gepäckausgabe/Koffer-terminal	retrait des bagages
Inlandsflüge	vols intérieurs
nichts zu verzollen	rien à déclarer
Zoll	douane
zu verzollende Waren	marchandises à déclarer

warten Sie bitte in der Eincheckhalle
veuillez patienter dans la salle d'embarquement

ein Fensterplatz oder ein Platz am Gang?
une place côté hublot ou côté couloir ?

Sie haben Anschluss um …
vous avez une correspondance à …

wie viele Gepäckstücke haben Sie?
combien de bagages avez-vous ?

Sie haben fünfzehn Kilo zu viel
vous avez un excédent de 15 kilos

hier ist Ihre Eincheckkarte/Bordkarte
voilà votre carte d'embarquement

gehen Sie bitte zu Gate …/zum Flugsteig …
veuillez vous rendre à la porte …

**rufen Sie diese Nummer an,
wenn Sie wissen wollen,
ob Ihr Gepäck angekommen ist**
appelez ce numéro pour savoir si
vos bagages sont arrivés

En train, car, bus, métro, tramway

ℹ️ Le réseau ferroviaire allemand est excellent, notamment avec l'**ICE** (le TGV allemand). Notez cependant que les trajets vers l'Est sont encore souvent très longs. Les prix sont assez élevés, mais la **DB** (**Deutsche Bundesbahn**, l'équivalent de la SNCF) propose de nombreux tarifs réduits (**Bahncard**, **Monatsticket**, **Supersparpreisticket**, billets **BIJ**) ; il faut demander au guichet. Les trains à réservation obligatoire sont indiqués par un **R** encerclé sur les tableaux d'affichage.

Le **U-Bahn** (métro) est présent dans les grandes villes comme Berlin, Hanovre, Munich et Francfort. Le **S-Bahn** correspond à notre RER ; il couvre de larges zones urbaines mais ses passages sont moins fréquents que son équivalent français. Les **Tageskarten** (tickets pour la journée) et **Wochenkarten** (tickets pour la semaine) sont valables sur l'ensemble du réseau urbain (S-Bahn inclus).

On achète les billets de bus et de tramway dans des distributeurs automatiques situés aux arrêts ou en gare. Le conducteur vend aussi des billets à l'unité, qui sont plus chers que les formules à la journée ou à la semaine. Comme dans le métro, les arrêts sont généralement clairement indiqués (annonce vocale et parfois panneau électronique).

S'exprimer

est-ce que je peux avoir un plan du métro ?
kann ich einen U-Bahn-Plan haben?
***kan**' ish aïneun'**ou**bân'plân' habeun' ?*

à quelle heure est le prochain train pour … ?
wann geht der nächste Zug nach ...?
***van**' guét dér **nek**ste tsoug narr … ?*

à quelle heure part le dernier train ?
wann geht der letzte Zug?
***van**' guét dér **le**tste tsoug ?*

de quel quai part le train pour … ?
an welchem Gleis fährt der Zug nach … ab?
*an' velsheun' **glaïss** fèrt dér tsoug narr ... **ap** ?*

où est-ce que je peux prendre un bus pour … ?
wo kann ich einen Bus nach … nehmen?
*vô kan' ish aïneun' **bouss** narr … **né**meun' ?*

quelle ligne dois-je prendre pour … ?
welche Linie fährt nach …?
*velshe **ligne** fèrt narr … ?*

j'ai raté mon train
ich habe meinen Zug verpasst
*ish habe maïneun' **tsoug** fer**passt***

c'est bien l'arrêt pour … ?
das ist doch die Haltestelle für …?
*dass ist dorr di **hal**techtelle fur … ?*

c'est bien d'ici que part le car pour … ?
der Bus nach … fährt doch hier ab?
*dér bouss narr … fèrt dorr **hîr** ap ?*

pourriez-vous me dire quand il faut descendre ?
können Sie mir Bescheid sagen, wenn ich aussteigen muss?
*keuneun' zi mir bé**chaït** zagueun', vèn ish **âous**-chtaïgueun' mouss ?*

Comprendre

Fahrscheine — billetterie
monatlich — mensuel
Reservierungen — réservations
Tages- — pour la journée
Tagesübersicht der Abfahrten — départs dans la journée
wöchentlich — hebdomadaire
zu den Gleisen — accès aux quais

es gibt eine Haltestelle in dieser Richtung auf der rechten Seite
il y a un arrêt juste un peu plus loin à droite

haben Sie es passend?
vous n'avez pas l'appoint ?

Sie müssen in … umsteigen
vous avez un changement à …

Sie müssen den Bus Nummer … nehmen
vous devez prendre le bus n° …

dieser Zug hält in den folgenden Bahnhöfen: …
ce train dessert les gares de …

beim übernächsten Halt
in zwei Stationen
dans 2 arrêts

En voiture

ℹ Bien que le réseau routier allemand soit dans l'ensemble bon, des travaux incessants ralentissent considérablement la circulation. Attention également aux sorties d'autoroute qui sont souvent abruptes et mal éclairées la nuit. Les autoroutes, gratuites, sont indiquées par un panneau bleu et un grand A. La ceinture de sécurité est obligatoire à l'arrière comme à l'avant. Les voitures roulent au sans-plomb (**bleifrei**), et le super normal n'est plus distribué. En ville, veillez à doubler les tramways par la droite et à ne jamais dépasser un tramway à l'arrêt. Beaucoup de centre-villes sont piétons et inaccessibles aux voitures. Il est vivement conseillé de se garer dans les parkings souterrains (nombreux). En cas de panne, appelez l'**ADAC**, service de dépannage présent dans toutes les villes. On paie les pièces mais la main-d'œuvre est gratuite (tél : 0180/2222-222, ne pas composer le 0180 depuis un portable).

L'auto-stop spontané (interdit sur les autoroutes) n'est pas très pratiqué. Il vaut mieux avoir recours au stop organisé (avec frais de participation peu élevés), grâce aux **Mitfahrzentrale** (agences de covoiturage) présentes dans toutes les villes (tél : 194 44). On trouve des petites annonces de covoiturages dans les universités et restaurants universitaires.

À partir de 21h et toute la nuit, les femmes seules peuvent utiliser des **Frauen-taxis**, qui assurent leur sécurité. Le prix est le même que celui d'un trajet de bus.

S'exprimer

où est-ce que je peux trouver une station-service ?
wo finde ich eine Tankstelle?
*vô fin'de ish aïne **tan'k**chtelle ?*

le plein de sans-plomb, s'il vous plaît
volltanken mit Bleifrei, bitte
***fol**tan'keun' mit **blaï**fraï, bitte*

on a été bloqués dans un embouteillage
wir steckten in einem Verkehrsstau
*vir **chtèk**teun' in' aïneum fer**kérs**-chtâou*

est-ce qu'il y a un garage par ici ?
gibt es hier irgendwo eine Werkstatt?
guipt ess hîr irgueun'tvô aïne **verk***chtat ?*

pourriez-vous m'emmener à la station-service la plus proche ?
könnten Sie mich bis zur nächsten Tankstelle mitnehmen?
keun*'teun' zi mish biss tsour* **nek***steun'* **tan'k***chtelle* **mit***némeun' ?*

pouvez-vous nous aider à pousser ?
können Sie uns helfen, das Auto anzuschieben?
keun*'teun' zi oun's* **hel***feun', dass âouto* **an'***tsouchîbeun' ?*

la batterie est morte
die Batterie ist leer
di batterî ist lér

j'ai crevé
ich hatte eine Reifenpanne
ish hatte aïne raïfeun'panne

je suis tombé en panne
ich habe eine Panne
ish habe aïne **pa***nne*

nous venons d'avoir un accident
wir hatten gerade einen Unfall
vir hatteun' guérade aïneun' **oun'***'fal*

nous sommes en panne d'essence
ich habe kein Benzin mehr
ish habe **kaïn***' bentsin' mér*

j'ai perdu les clés de ma voiture
ich habe meine Autoschlüssel verloren
ish habe maïne **â***outochlusseul fer***lô***reun'*

ça va prendre combien de temps à réparer ?
wie lange dauert die Reparatur?
vi **lan'***gue dâoueurt di répara***tour** *?*

● Location de voiture

je voudrais louer une voiture pour une semaine
ich möchte ein Auto für eine Woche mieten
ish meushte aïn âouto fur aïne vorre **mî***teun'*

une voiture à boîte de vitesses automatique
ein Wagen mit Automatikgetriebe
aïn vagueun' mit **â***outomâtikgué***trî***be*

je voudrais prendre une assurance tous risques
ich würde gern eine Vollkaskoversicherung abschließen
ish vurde guern aïne **fol***kasko-fer***zi***sheroun'g* **ap***chlîsseun'*

● En taxi

je voudrais aller à la gare/à la rue Goethe/à Kreuzberg
bitte zum Bahnhof/in die Goethestraße/nach Kreuzberg
*bitte tsoum **bân**'hôf/in' dî **gueu**te-chtrasse/narr' **kroït**sberg*

je voudrais un taxi pour 8h
ich bräuchte ein Taxi für acht Uhr
*ish broïshte aïn' **ta**xi fur arrt our*

vous pouvez m'arrêter ici, merci
Sie können hier anhalten, vielen Dank
*zi **keu**neun' hîr **an**'halteun', **vîl**eun' dan'k*

combien ça va me coûter pour aller à l'aéroport ?
wie viel kostet eine Fahrt zum Flughafen?
*vifil **ko**steut aïne **fâr**t tsoum **floug**hafeun' ?*

● En auto-stop

je vais à …
ich fahre nach …
*ish **fâr**e narr …*

on est venus en stop
wir sind per Anhalter gekommen
*vir zin't per **an**'halteur gué**ko**mmeun'*

est-ce que vous pourriez me déposer ici ?
können Sie mich hier aussteigen lassen?
***keu**neun' zi mish hîr **â**ouss-chtaïgueun' lasseun' ?*

merci de m'avoir emmené
vielen Dank fürs Mitnehmen
*fîleun' dan'k furs **mi**tnémeun'*

Comprendre

alle Richtungen	toutes directions
andere Richtungen	autres directions
Autovermietung	location de voitures
besetzt	complet
langsam fahren	ralentissez
Parken verboten	stationnement interdit
Parkplatz	parking

Schnellstraße
route où il est interdit de s'arrêter, même pour déposer quelqu'un

voll
complet

bewahren Sie Ihr Ticket auf
conservez votre ticket

ich brauche Ihren Führerschein, Ihren Personalausweis, eine Einwohnermeldebescheinigung und Ihre Kreditkarte
il me faut votre permis de conduire, une pièce d'identité, un justificatif de domicile et votre carte de crédit

die Kaution beträgt hundert Euro
la caution est de 100 euros

gut, steigen Sie ein, ich nehme Sie bis … mit
c'est bon, montez, je vais vous avancer jusqu'à …

En bateau

ⓘ Les principaux services de ferry à destination de la Scandinavie se trouvent à Kiel et Travemünde (dans le Schleswig-Holstein), Rostock et Sassnitz (Mecklembourg – Poméranie occidentale). Le départ pour le Royaume-Uni se fait de Hambourg. Tarifs et horaires varient en fonction de la saison.

D'avril à octobre, excursions et croisières sur les lacs et les rivières sont un moyen privilégié et bon marché de visiter le pays. Les trajets les plus fréquents sont la desserte des îles de la Frise du Nord, la légendaire descente du Rhin, les croisières sur la Moselle et sur l'Elbe, et la navigation sur le lac de Constance (l'été). Le port de Hambourg se visite en bateau. À Berlin, la croisière entre la capitale et Postdam (lac de Wannsee) est très populaire.

S'exprimer

combien de temps dure la traversée ?
wie lange dauert die Überfahrt?
*vilan'gue dâoueurt di **u**berfârt ?*

j'ai le mal de mer
ich bin seekrank
*ish bin' **zé**kran'k*

Comprendre

nächste Abfahrt: …   prochain départ à …
Passagiere ohne Fahrzeug   passagers sans véhicule

Marienkäfer

Papagei

Spinne

Fliege

Stechmücke

Schmetterlinge

Wellensittiche

Biene

Goldfisch

Mäuse

Frosch

Gans

Ente

Hunde

Katze

Hahn

Küken

Henne

Hamster

Kaninchen

Pferd

Schaf

Kuh und Kalb

Hai

Lamm

Delfin

Giraffe

Fuchs

Zebra

Bär

Löwe   Schlange

Elefant

Schimpanse

Tiger

Schwein

HÉBERGEMENT

ℹ️ Les prix des hôtels ne varient pas vraiment avec la saison. Il est recommandé de réserver à l'avance, surtout pendant l'été. On trouve des chambres à partir de 22 euros, le prix moyen étant d'environ 30 euros. Les prix sont un peu plus élevés dans les grandes villes comme Berlin, Francfort, Hambourg et Munich. Il n'y a plus de différences entre les prix à l'Est et à l'Ouest. La qualité des hôtels étant généralement bonne, les hôtels de standing offrent peu d'avantages (sauna et salle de gym, par exemple). À noter la brochure publiée par l'Office National allemand du Tourisme, "L'Allemagne à prix malins", qui recense des hôtels bon marché où l'on parle français.

Les pensions (**Pensionen**) sont nombreuses dans les grandes villes, moins dans les villages ; le confort est correct et les prix vont de 20 à 30 euros pour une personne, de 30 à 40 euros pour deux personnes. De gestion familiale, la pension offre généralement quelques chambres confortables mais sans luxe. On peut y prendre le petit déjeuner et le dîner, parfois même le déjeuner.

L'hébergement chez l'habitant est largement pratiqué dans tout le pays. Avantageuse financièrement, c'est aussi une solution conviviale. Repérez les affiches "**Zimmer frei**" (chambre libre). Les prix vont de 25 à 30 euros pour deux personnes, petit déjeuner compris.

Les terrains de camping sont bien équipés. Les prix vont de 3 à 5 euros par personne, autour de 5 euros par emplacement. Attention : douches, eau chaude et papier toilette sont souvent payants. La Fédération allemande du camping (**DDC**) donne tous les renseignements nécessaires au camping-caravaning.

Pour commencer

appartement	die Wohnung *di **vô**noun'g*
auberge de jeunesse	die Jugendherberge *di*
*iou*gueun'therbergue	
avec cuisine	mit Küche *mit **cû**she*

HÉBERGEMENT

avec douche	mit Dusche *mit **dou**che*
bain (prendre un)	ein Bad nehmen *aïn' **bât** némeun'*
camping	der Campingplatz *dér **kem**'pin'gplats*
caravane	der Wohnwagen *dér **vôn**'vâgueun'*
chambre double	das Doppelzimmer *dass **dop**peultsimmeur*
chambre pour une personne	das Einzelzimmer *dass **aïn**'tseultsimmeur*
clé	der Schlüssel *dér chlusseul*
demi-pension	die Halbpension *di **halp**-pen'**ziôn**'*
douche (prendre une)	duschen ***dou**cheun'*
hôtel	das Hotel *dass hô**tel***
lit double	das Doppelbett *dass **dop**peulbèt*
lit pour une personne	das Einzelbett *dass **aïn**'tseulbèt*
locataire	der Mieter *dér **mî**teur*
louer *(prendre en location)*	mieten ***mî**teun'*
maison	das Haus *dass hâouss*
pension complète	die Vollpension *di **fol**pen'**ziôn**'*
petit déjeuner compris	Frühstück inklusive ***frû**chtuk in'klou**zi**ve*
prix par personne	der Preis pro Person *dér **praïss** pro per**zôn**'*
propriétaire	der Besitzer *dér bé**zit**seur*
réserver	reservieren *ré**zervîr**eun'*
télévision avec satellite	Satellitenfernsehen *za**tel**liteun'**fern**zéeun'*
tente	das Zelt *dass tselt*
toilettes	die Toiletten *di toi**let**teun'*
tout compris	alles inbegriffen ***a**lleuss in'**bé**griffeun'*

S'exprimer

est-ce que vous pouvez m'écrire l'adresse ?
können Sie mir die Adresse aufschreiben?
***keu**neun' zi mir di a**dres**se **â**oufchraïbeun' ?*

où peut-on faire les courses dans le coin ?
wo kann ich hier einkaufen?
***vô** kan' ish hîr **aïn**'kâoufeun' ?*

comment marche la douche ?
wie funktioniert die Dusche?
*vi foun'ktsio**nîrt** di **dou**che ?*

est-ce qu'il serait possible de rester une autre nuit ?
könnte ich eventuell noch eine Nacht bleiben?
*keun'te ish éven'touel norr aïne **narrt** blaïbeun' ?*

vous acceptez les cartes de crédit ?
nehmen Sie Kreditkarten?
*né meun' zi kré**dit**karteun' ?*

y a-t-il une banque par ici ?
gibt es hier irgendwo eine Bank?
*guipt ess hîr irgueun't**vô** aïne ban'k ?*

j'ai réservé (par téléphone) … au nom de …
ich habe (telefonisch) … reserviert auf den Namen …
*ish habe (télé**fô**nish) … rézer**vîrt** âouf dén **nâ**meun' …*

Comprendre

Bad	salle de bains
belegt	complet
Doppelzimmer	chambre double
Einzelzimmer	chambre pour une personne
mit Küche	avec cuisine
privat	privé
Rezeption	réception
Zimmer frei	chambres libres
Zimmer mit Bad	chambre avec salle de bains

kann ich Ihren Reisepass sehen?
est-ce que je peux voir votre passeport ?

können Sie dieses Formular ausfüllen?
est-ce que vous pouvez remplir cette fiche ?

Hôtel et chambre d'hôtes

S'exprimer

je voudrais réserver une chambre pour 2 personnes pour demain soir
ich würde gern ein Doppelzimmer für morgen abend reservieren
*ish vurde guern aïn' **dop**peultsimmeur fur **mor**gueun' **a**beun't rézer**vîr**eun'*

je voudrais réserver 2 chambres individuelles pour 3 nuits
ich würde gern zwei Einzelzimmer für drei Nächte reservieren
*ish vurde guern tsvaï **aïn**'tseultsimmeur fur draï nèshte rézer**vîr**eun'*

est-ce qu'il vous reste des chambres de libres ?
haben Sie noch Zimmer frei?
***ha**beun' zi norr **tsim**meur **fraï** ?*

une chambre pas chère pour une personne
ein preiswertes Einzelzimmer
*aïn **praïss**verteuss **aïn**'tseultsimmeur*

c'est pour un couple et 2 enfants
es soll für ein Paar mit zwei Kindern sein
*ess zol fur aïn **pâr** mit tsvaï kin'deur zaïn'*

ça n'a pas vraiment d'importance
das spielt wirklich keine Rolle
*dass chpîlt **vir**klish kaïne **ro**lle*

est-ce que je peux voir la chambre ?
kann ich das Zimmer sehen?
*kan' ish dass tsimmeur **zé**eun' ?*

c'est bien, je la prends
gut, das nehme ich
***gout**, dass **né**me ish*

avez-vous quelque chose de plus calme ?
haben Sie ein ruhigeres Zimmer?
***ha**beun' zi aïn' **roui**guereuss tsimmeur ?*

est-ce qu'il est possible d'ajouter un lit supplémentaire ?
ist es möglich, ein zusätzliches Bett aufzustellen?
*ist ess **meu**glish aïn' tsouzetslisheuss bèt **â**ouftsou**chte**lleun' ?*

nous pensons rester 2 nuits
wir haben vor, zwei Nächte zu bleiben
*vir habeun' vôr, tsvaï nèshte tsou **blaï**beun'*

pourriez-vous me recommander un autre hôtel ?
könnten Sie mir ein anderes Hotel empfehlen?
***keun**'teun' zi mir aïn' an'dereuss hôtel em'**pf**éleun' ?*

combien coûte une chambre avec salle de bains ?
wie viel kostet ein Zimmer mit Bad?
*vifil **kos**teut aïn' **tsim**meur mit bât ?*

vous n'avez rien de moins cher ?
haben Sie nichts billigeres?
*ha*beun' zi **nishts bi**liguereuss ?

est-ce que le petit déjeuner est inclus ?
ist das Frühstück im Preis inbegriffen?
*ist dass **frû**chtuk im' praïss in'bégriffeun' ?*

est-ce que l'hôtel est près du centre ?
liegt das Hotel nahe am Stadtzentrum?
*lîgt dass hô**tel** nâhe am' **chtat**-tsen'troum ?*

vers 7h, je pense
voraussichtlich gegen sieben Uhr
*fô**râ**ouss-zishtlish guéegueun' zîbeun' **our***

la clé de la 24, s'il vous plaît
der Schlüssel von Zimmer Nummer vierundzwanzig, bitte
*dér **chlu**sseul fon' tsimmeur noummeur firoun't-**tsvan**'tsish, bitte*

j'aimerais changer de chambre, la mienne est trop bruyante
ich würde gern das Zimmer wechseln, meines ist zu laut
*ish vurde guern dass **tsim**meur **vek**seuln, **maï**neuss ist tsou **lâ**out*

est-ce que je peux avoir une couverture supplémentaire ?
kann ich eine zusätzliche Decke haben?
*kan' ish aïne **tsou**zetslishe **dek**ke habeun' ?*

y a-t-il une prise pour le rasoir ?
gibt es einen Stromanschluss für den Rasierapparat?
*guipt ess aïneun' **chtrôm**'an'chlouss fur dén razîr-apa**rât** ?*

la climatisation ne marche pas
die Klimaanlage funktioniert nicht
*di **kli**ma-**an**'lâgue foun'ktsiô**nîrt** nisht*

il n'y a pas de bonde pour la baignoire
es ist kein Stöpsel in der Badewanne
*ess ist kaïn' **chteup**seul in' dér **bâ**devanne*

je n'arrive pas à faire marcher la douche
es gelingt mir nicht, die Dusche in Betrieb zu setzen
*ess guélin'gt mir **nisht**, di **dou**che in' bé**trîp** tsou **zet**seun'*

pouvez-vous me montrer comment ça marche ?
können Sie mir zeigen, wie das funktioniert?
keuneun' zi mir tsaïgueun' vi dass foun'ktsiônîrt ?

nous n'avons pas de serviettes de toilette
wir haben keine Handtücher
vir habeun' kaïne han't-tûsheur

il n'y a plus de papier hygiénique
es ist kein Toilettenpapier mehr da
ess ist kaïn' toiletteun'papîr mér da

Comprendre

es gibt da ein recht preisgünstiges Hotel, und es ist wirklich ganz in der Nähe von ...
il y a un hôtel pas trop cher et vraiment bien près de …

was suchen Sie?   **mit oder ohne Bad?**
qu'est-ce que vous cherchez ?   avec ou sans salle de bains ?

nein, es tut mir Leid, wir sind voll belegt
non, je regrette, nous sommes complets

ich habe nur noch ein Doppelzimmer
il ne me reste qu'une chambre double

wie viele Nächte bleiben Sie? wie ist Ihr Name, bitte?
c'est pour combien de nuits ?   quel est votre nom, s'il vous plaît ?

wann kommen Sie voraussichtlich an?
à quelle heure pensez-vous arriver ?

das ist der Haustürschlüssel, der andere ist für Ihr Zimmer
celle-là est la clé de la porte d'entrée et l'autre celle de votre chambre

die Zimmer müssen bis spätestens zwölf Uhr geräumt werden
les chambres doivent être libérées avant midi

das Frühstück wird zwischen halb acht und neun Uhr serviert
le petit déjeuner est servi entre 7h30 et 9h

Auberge de jeunesse

S'exprimer

est-ce que je peux laisser mon sac à dos à la réception ?
kann ich meinen Rucksack an der Rezeption lassen?
*kan' ish maïneun' **ruk**zak an' dér rétsept**siôn**' lasseun' ?*

je viendrai le récupérer vers 7h
ich hole ihn gegen sieben Uhr ab
*ish **hô**le în guégueun' zîbeun' **our** ap*

il n'y a pas d'eau chaude
es gibt kein Warmwasser
*ess guipt kaïn' **varm**vasseur*

l'évier est bouché
die Spüle ist verstopft
*di **chpû**le ist fer**chtopt***

Comprendre

haben Sie eine (DJH)Club-Karte?
avez-vous une carte de membre ?

der Bettbezug wird gestellt
les draps sont fournis

die Herberge ist ab sechs Uhr wieder geöffnet
l'auberge rouvre à 6h

Location

S'exprimer

je cherche quelque chose qui soit près du centre
ich suche etwas Zentrumsnahes
*ish zourre etvass **tsen**'troumsnâhes*

où dois-je prendre/laisser les clés ?
wo soll ich die Schlüssel abholen/abgeben?
***vô** zol ish di **chlus**seul **ap**-hôleun'/**ap**-guébeun' ?*

où est le compteur électrique ?
wo ist der Stromzähler?
***vô** ist dér **chtrôm**'tsèleur ?*

est-ce qu'il y a des … de rechange ?
gibt es eine Garnitur … zum Wechseln?
*guipt ess aïne garnit**our** … tsoum **vek**seuln ?*

où dois-je sortir les poubelles ?
wo werden die Mülleimer geleert?
***vô** verdeun' di **mul**-aïmeur gué**lért** ?*

je suis désolé, j'ai cassé le/la …
es tut mir sehr Leid, ich habe den/die/das …. beschädigt
*ess tout mir **zér** laït, ish habe dén/di/dass … bé**chè**digt*

je ne trouve pas le/la …
ich finde den/die/das … nicht
ish fin'de dén/di/dass … nisht

j'ai fermé la porte en laissant les clés à l'intérieur
ich habe mich ausgeschlossen
*ish habe mish âoussgué**chlos**seun'*

Comprendre

es kommt jemand vorbei, um die Zimmer nach Ihrer Abfahrt zu reinigen
il y a quelqu'un qui va passer pour le ménage après votre départ

es ist voll möbliert
c'est entièrement meublé

Heizung, Strom und Gas sind im Preis inbegriffen
le prix comprend le chauffage, l'électricité et le gaz

Camping

S'exprimer

y a-t-il un camping près d'ici ?
gibt es einen Campingplatz hier in der Nähe?
*guipt ess aïneun' **kem**'pin'gplats hîr in' dér **nè**he ?*

je voudrais un emplacement pour une tente pour 2 jours
ich möchte einen Zeltplatz für zwei Tage
*ish meushte aïneun' **tsel**plats fur tsvaï tâgue*

c'est combien par jour ?
wie viel kostet das pro Tag?
*vifil kosteut dass pro **tâg** ?*

est-ce qu'il y a une cabine téléphonique ?
gibt es eine Telefonzelle?
guipt ess aïne téléfôn'tselle ?

où sont les poubelles ?
wo sind die Mülltonnen?
***vô** zin't di **mul**tonneun' ?*

je voudrais régler ; on était au numéro 62, allée B
ich möchte bezahlen; wir waren in Reihe B, Platz zweiundsechzig
*ish meushte bé**tsâ**leun'; vir **vâ**reun' in' raïe **bé**, plats tsvaïoun'**tzesh**tsish*

est-ce que vous pourriez nous prêter votre … ?
könnten Sie uns Ihre(n) … leihen?
*keun'teun' zi oun's îre(un') … **la**ïeun' ?*

Comprendre

Sie können mich selbstverständlich anrufen, wenn Sie ein Problem haben
n'hésitez pas à m'appeler si vous avez un problème

es kostet … pro Tag/pro Person und … pro Zelt
c'est … par jour/par personne et … par tente

Schlafzimmer

Esszimmer

Badezimmer

Küche

Toilette

Diele

Wohnzimmer

ⓘ Pour manger quelque chose sur le pouce, essayez l'**Imbiss**, snack à l'allemande où l'on sert des plats rapides (saucisses grillées, pommes frites …). Vous trouverez également de nombreux snacks turcs. Das **Wirtshaus** ou die **Gaststätte** (auberge) sont des restaurants traditionnels qui proposent une cuisine simple et des spécialités locales. Les **Restaurant** servent une cuisine internationale, mais aussi certaines spécialités de la gastronomie allemande. Les prix y sont généralement plutôt élevés.

Le petit déjeuner allemand (**Frühstück**) est souvent plus complet que le français : outre le café (qu'on boit beaucoup) et le thé, les croissants et les tartines, on y trouve aussi de la charcuterie, du fromage, des produits laitiers, des céréales et des fruits. Le déjeuner (**Mittagessen**) est traditionnellement le repas le plus important de la journée. Mais il a tendance à reculer face au dîner, car les employés prennent de moins en moins de temps pour manger et se contentent souvent de sandwiches. Dans les restaurants, on vous proposera souvent un menu à midi, alors que le dîner sera à la carte. Pas de surprise pour le dîner ; si les Allemands mangent léger à la maison à partir de 18h, les restaurants servent jusqu'à 22h ou 23h.

On propose très rarement une carafe d'eau (du robinet). Lorsque vous commandez de l'eau minérale, précisez "**stilles Wasser**" si vous voulez de l'eau plate ; sinon, on vous servira spontanément une eau gazeuse. Précisez si vous voulez du pain, il n'est pas systématiquement servi avec le repas. Le service est compris et le pourboire n'est pas obligatoire, mais il est conseillé d'arrondir, en fonction de la qualité du service. Donnez le pourboire directement ou indiquez la somme totale que vous voulez payer, mais ne laissez pas le pourboire sur la table. Si vous ne voulez pas qu'on vous rende la monnaie, dites simplement "**stimmt so**" (ça ira). Si vous êtes plusieurs, le serveur vous demandera si vous payez séparément (**getrennt**) ou ensemble (**zusammen**).

Pour commencer

addition	die Rechnung *di rèshnoun'g*
apéritif	der Aperitif *dér apéritif*
bière	das Bier *dass bîr*
bouteille	die Flasche *di flache*
café crème	der Milchkaffee *dér milshkafé*
café noisette	der Kaffee mit Milch *dér kafé mit milsh*
carafe	der Krug *dér krouk*
carte *(menu)*	die Speisekarte *di chpaïzekarte*
Coca-cola®	die (Coca-)Cola® *di (coca) côla*
commander	bestellen *beuchtèleun'*
déjeuner *(n)*	das Mittagessen *dass mitag-èsseun'*
déjeuner *(v)*	zu Mittag essen *tsou mitag-èsseun'*
dessert	die Nachspeise *di narrchpaïze*
dîner *(n)*	das Abendessen *dass abeun't-èsseun'*
dîner *(v)*	zu Abend essen *tsou abeun't-èsseun'*
eau gazeuse/minérale	Mineralwasser *minéralvasseur*
eau plate	stilles Wasser *chtileus vasseur*
entrée	die Vorspeise *di fôr-chpaïze*
expresso	der Espresso *dér esprésso*
fromage	der Käse *dér kèze*
jus de fruit	der Saft *dér zaft*
manger	essen *èsseun'*
menu *(formule à prix fixe)*	das Menü *dass menu*
petit déjeuner	das Frühstück *dass frû-chtuk*
plat de résistance	das Hauptgericht *dass hâouptgueurisht*
pression	Bier vom Fass *bîr vom' fass*
sandwich	das belegte Brot *dass beulégte brôt*, das Sandwich *dass sèn'douitch*
thé	der Tee *dér té*
verre	das Glas *dass glâss*
vin blanc	der Weißwein *dér vaïssvaïn*
vin rouge	der Rotwein *dér rôtvaïn'*

S'exprimer

on va manger un bout ?
gehen wir etwas essen?
guéheun' vir ètvass èsseun' ?

on va prendre un verre ?
gehen wir einen trinken?
guéheun' vir aïneun' trin'keun' ?

BOIRE ET MANGER

on va prendre un café ?
gehen wir einen Kaffee trinken?
guéheun' vir aïneun' kafé trin'keun' ?

j'ai super faim
ich habe einen Riesenhunger
ish habe aïneun' rîzeun'houn'gueur

je n'ai pas très faim
ich habe keinen großen Hunger
ish habe kaïneun' grôsseun' houn'gueur

s'il vous plaît !
Bedienung!
beudînoun'g !

est-ce que vous pouvez nous recommander un restaurant ?
können Sie uns ein Speiselokal empfehlen?
keuneun' zi oun's aïn chpaïzelokal èm'pféleun' ?

je voudrais un sandwich au thon, s'il vous plaît
ich hätte gern ein belegtes Brot mit Thunfisch, bitte
ish hète guern aïn beulégteus brôt mit toun'fich, bite

j'en reprendrai un autre
ich nehme noch eines
ish néme norr aïneus

bon appétit
guten Appetit!
gouteun' apétit'

à la tienne !
auf dein Wohl!
aouf daïn vôl !

à la vôtre !
auf Ihr Wohl!
âouf ir vôl !

tchin-tchin !
prost!
prôst !

c'est/c'était délicieux
es ist/war köstlich
ess ist/var keustlish

c'est très gras
es ist sehr fett
ess ist zér fèt'

c'est trop épicé
es ist überwürzt
ess ist ubeurvurtst

c'est pas assez salé
es fehlt Salz
ess félt zalts

j'ai trop bu hier
ich habe gestern zu viel getrunken
ish habe guesteurn tsou fîl gueutroun'keun'

est-ce que vous pourriez apporter un cendrier ?
könnten Sie einen Aschenbecher bringen?
keun'teun' zi aïneun' acheun'bésheur brin'gueun' ?

où sont les toilettes, s'il vous plaît ?
wo sind die Toiletten, bitte?
vô zin't di toiletten, bite ?

Comprendre

zum Mitnehmen   à emporter
zum sofortigen Verzehr   sur place

ich bedaure, nach zehn Uhr servieren wir nicht mehr
désolé, nous ne servons plus après 10h

Réserver une table

S'exprimer

allô, bonjour, je voudrais réserver une table pour 2 pour demain soir
guten Tag, ich würde gern für morgen einen Tisch für zwei Personen reservieren
*gouteun' tag, ish vurde guern fur **morgueun'** aïneun' **tich** fur tsvaï perzôneun' réservîreun'*

vers 8h   **une table pour 4, s'il vous plaît**
gegen acht Uhr   einen Tisch für vier Personen, bitte
*guégueun' **arrt** our*   *aïneun' **tic**h fur fîr perzôneun', bite*

vous n'avez pas de table libre plus tôt ?
haben sie früher keinen Tisch frei?
*habeun' zi **frûeur** kaïneun' tich **fraï** ?*

j'ai réservé une table au nom de …
ich habe einen Tisch auf den Namen … reserviert
*ish habe aïneun' **tich** âouf dén **Nâm**eun' ... rézervîrt*

Comprendre

reserviert   réservé

für wie viel Uhr?   **halb neun, passt Ihnen das?**
pour quelle heure ?   8h30, ça vous va ?

auf welchen Namen?   **für wie viele Personen?**
c'est à quel nom ?   vous êtes combien ?

guten Tag, wünschen Sie zu speisen?
bonjour, c'est pour manger ?

haben Sie reserviert?
est-ce que vous avez réservé ?

im Augenblick sind wir voll belegt. Aber wenn Sie eine Viertelstunde warten wollen, bis ein Tisch frei wird
nous sommes complets mais si vous pouvez attendre un quart d'heure que se libère une table

Raucher oder Nichtraucher?
fumeurs ou non-fumeurs ?

Commander à manger

S'exprimer

qu'est-ce que vous nous recommandez ?
was können Sie empfehlen?
*vass keuneun' zi ém'**pfé**leun' ?*

oui, je crois qu'on a choisi
ja, ich glaube, wir haben gewählt
*ia, ish **glâ**oube, vir habeun' gueuvèlt*

non, pas encore
nein, noch nicht
*naïn', norr **nish**t*

on va prendre 2 menus à 11 euros
wir nehmen zwei Menüs zu elf Euro
*vir **né**meun' tsvaï me**nu**s tsou **elf** oïro*

pour moi, ça sera … et …
für mich bitte … und …
fur mish bite … on't …

… mais sans …
… aber ohne …
*… âbeur **ô**ne …*

moi, je ne sais pas, c'est quoi "Eisbein" ?
ich weiß noch nicht, was ist Eisbein?
*ish waïss norr **nish**t, vass ist aïssbaïn' ?*

je vais prendre ça alors
dann nehme ich das
dan' néme ish dass

quel est le plat du jour ?
was ist das Tagesgericht?
*vass ist dass **ta**gueus-gueurisht ?*

juste de l'eau (plate), s'il vous plaît
nur stilles Wasser, bitte
*nour sht**i**les vasseur, bite*

et une grande carafe d'eau
und einen großen Krug Wasser
*ounʼt aïneunʼ **grô**sseunʼ krouk **va**sseur*

une demi-bouteille de vin rouge
eine halbe Flasche Rotwein
*aïne halbe **fla**che rôtvaïn*

on va partager – est-ce que vous pouvez nous apporter 2 assiettes ?
wir würden gern teilen – können Sie uns zwei Teller bringen?
*vir vurdeunʼ guern **taï**leunʼ – **keu**neunʼ zi ounʼs tsvaï **tè**leur brinʼgueunʼ ?*

ce n'est pas ce que j'ai commandé, j'avais demandé …
das habe ich nicht bestellt, ich hatte … verlangt
*dass habe ish nisht beuchtèlt, ish hate … veur**lan**ʼgt*

est-ce qu'on peut avoir encore du pain ?
können wir bitte noch etwas Brot haben?
***keu**neunʼ vir bite norr etvass **brô**t habeunʼ ?*

est-ce que vous pourriez nous apporter une autre carafe d'eau ?
könnten Sie uns noch einen Krug Wasser bringen?
***keun**ʼteunʼ zi ounʼs norr aïneunʼ krouk **va**sseur brinʼgueunʼ ?*

qu'est-ce que vous avez comme desserts ?
was für Nachspeisen haben Sie?
*vass fur **narr**chpaïze habeunʼ zi ?*

Comprendre

haben Sie gewählt?
vous avez choisi ?

und zu trinken?
et comme boisson ?

ich komme gleich noch mal
je repasse dans un moment

das ist eine Art … ragout
c'est une sorte de ragoût de …

wünschen Sie eine Nach-speise?
désirez-vous un dessert ?

bedaure, wir haben kein … mehr
désolé, nous n'avons plus de …

Au café

ⓘ Il existe de très bons vins allemands – blancs en grande majorité – produits dans les différentes régions du pays. Il est fréquent de prendre un verre de vin blanc ou de **Sekt** (mousseux) en apéritif. On trouve des bars à vin (**Weinstube, Weinkeller**) dans tout le pays, où vous pourrez aussi commander un petit plat chaud.

Le **Schnaps** (eau de vie) peut être servi en digestif, en apéritif ou pour accompagner une bière. Chaque région propose sa spécialité : eaux de vie de cerise, de framboise, de quetsche, **Weinbrand** (Mayence), **Kümmel** (Baltique) etc.

La bière est la boisson reine en Allemagne. Plus de 1250 brasseries et 5000 marques différentes ; les Allemands sont les deuxièmes consommateurs de bière au monde (après les Tchèques). Quelques stars : **Altbier** : bière ambrée, servie en petit verre (0,2l) dans la région de Düsseldorf. **Berliner Weisse** : bière blanche berlinoise, légère, mousseuse et légèrement amère. **Kölsch** : bière de Cologne, claire et goûteuse. On la boit dans des verres nommés **Stangen**. **Pils** (**Pilsener**) : blonde servie dans toute l'Allemagne, elle possède une mousse onctueuse. **Weizenbier** : surtout servie dans le Sud (Bavière), cette bière blanche s'accompagne souvent d'une rondelle de citron.

Boire de la bière fait partie de la convivialité allemande. À la belle saison, les terrasses et les parcs accueillent les **Biergarten** (jardins à bière) où l'on sert d'énormes chopes sur de longues tables communes. En Bavière, il est autorisé d'y apporter sa propre nourriture (mais pas ailleurs). À l'occasion de l'**Oktoberfest** à Munich, la bière coule à flots.

S'exprimer

qu'est-ce que tu prends ?
was nimmst du?
*vass **nim**'st dou ?*

je t'offre un verre
ich gebe dir einen aus
*ish **gué**be dir aïneun' âouss*

qu'est-ce que vous prenez ?
was nehmen Sie?
*vass **né**meun' zi ?*

non, cette fois c'est pour moi
nein, diesmal bin ich daran
*naïn', **dîs**mal bin' ish da**ran**'*

je vais prendre …
ich nehme …
*ish **né**me …*

je voudrais …
ich möchte …
*ish **meu**shte …*

un Coca-cola® sans glaçons, s'il vous plaît
eine (Coca-)Cola ohne Eis, bitte
*aïn' (coca) **cô**la ône **aï**ss, bite*

un Coca light®, avec beaucoup de glaçons
eine Cola light mit viel Eis
*aïne **cô**la laït mit **fil** aïss*

un petit verre de vin blanc sec
ein kleines Glas trockenen Weißwein
*aïn' **klaï**neus glâss **tro**keneun vaïssvaïn'*

une pression
ein Bier vom Fass
*aïn bîr fon' **fass***

la même chose pour moi
für mich das Gleiche
*fur mish dass **glaï**she*

un thé avec une rondelle de citron
einen Tee mit Zitrone
*aïneun' **té** mit tsi**trô**ne*

un café allongé
einen Kaffee
*aïneun' **ka**fé*

un verre d'eau, s'il vous plaît
ein Glas Wasser, bitte
*aïn' glâss **va**sseur, bite*

une autre pression, s'il vous plaît
noch ein Bier vom Fass, bitte
*norr aïn' bîr fom' **fass**, bite*

Comprendre

alkoholfrei
non alcoolisé

im Schankraum
en salle

was nehmen Sie?
qu'est-ce que vous prenez ?

das ist eine Nichtraucherzone
c'est un espace non-fumeurs, ici

wir nehmen jetzt die letzte Bestellung auf, in zehn Minuten schließen wir
veuillez passer votre dernière commande, on ferme dans 10 minutes

Quelques expressions familières

am Tresen sur le zinc
einen trinken boire un coup
besoffen sein être bourré
einen Kater haben avoir la gueule de bois
einen draufmachen passer une soirée bien arrosée

L'addition

S'exprimer

l'addition, s'il vous plaît
ich möchte bitte zahlen
*ish meushte bite **tsâ**leun'*

est-ce qu'on peut payer par Carte Bleue® ?
kann man mit der Bankkarte zahlen?
*kan' man' mit dér **ban'k**-karte **tsâ**leun' ?*

je crois qu'il y a une erreur dans l'addition
ich glaube, mit der Rechnung stimmt etwas nicht
*ish glâoube, mit dér **rè**shnoun'g chtimt etvass nisht*

je vous dois combien ?
wie viel schulde ich Ihnen?
*vifîl **choul**de ish îneun' ?*

le service est-il compris ?
ist die Bedienung inbegriffen?
*ist di beu**dî**noun'g in'beu**gri**feun' ?*

Comprendre

zahlen Sie zusammen?
vous réglez tout ensemble ?

LA CUISINE

Comprendre

auf den Punkt gebraten à point
blutig saignant
frittiert frit
gebraten sauté à la poêle
gefüllt farci
gegrillt cuit au grill
gekocht cuit à l'eau, bouilli
geräuchert fumé
geschmolzen fondu
geschmort braisé, à l'étuvée
gewürzt épicé
gut durchgebraten bien cuit
im Holzofen gebacken cuit au feu de bois
im Ofen gebacken cuit au four
in Scheiben en tranches
in Stücken en morceaux
kalt frais, froid
knusprig doré
luftgetrocknet séché
paniert pané
-püree en purée
sautiert sauté
scharf épicé

● **Vorspeisen** entrées

Badischer Fleischsalat salade de cervelas
Bismarckhering in Senfsoße rollmops à la sauce à la moutarde
Kieler Sprotten petits poissons fumés
Schupfnudeln mit Apfelmus gnocchi de pommes de terre accompagnés de compote de pomme
Zwiebelkuchen mit Speck tarte aux oignons et aux lardons

Elles ouvrent souvent le repas ou servent d'en-cas. Au printemps, essayez la crème d'asperge, fine et goûteuse. Le **goulasch**, soupe hongroise au bœuf, oignons et paprika, est un délicieux plat d'hiver.

● Suppen soupes

Aalsuppe	soupe d'anguilles
Bohnensuppe	soupe de haricots
Dinkelsuppe	soupe à l'épeautre
Fischsuppe	soupe de poisson
Fliederbeersuppe	soupe de baies de sureau
Gemüseeintopf	pot-au-feu de légumes
Gulaschsuppe	goulasch
Kartoffelsuppe	soupe de pommes de terre
Krabbensuppe	soupe de crevettes
Kräuterrahmsuppe	velouté de fines herbes
Leberknödelsuppe	potage aux quenelles de foie
Ochsenschwanzsuppe	soupe de queue de bœuf
Spargelcremesuppe	crème d'asperges
Tomatensuppe	soupe de tomates

● Fleischgerichte viandes

Bohneneintopf mit Fleisch	pot-au-feu aux fèves et à la viande
Brathuhn	poulet grillé
Eisbein	jarret de porc
Fasan auf Sauerkraut	faisan sur un lit de choucroute
gebratene Tauben	pigeons rôtis
Hasenkeule in Preiselbeersahne	cuisse de lièvre à la sauce aux airelles
Hasenpfeffer	civet de lièvre
Hirschragout	ragoût de cerf
Hühnerfrikassee	fricassée de poulet
Kalbsgeschnetzeltes	émincé de veau
Kalbshaxe	jarret de veau
Kalbsleber	foie de veau
Kalbsnierenbraten	rognons de veau rôtis
Kalbsschnitzel	escalope de veau
Kalbsschulter in Pilzsoße	épaule de veau à la sauce aux champignons
Kasseler mit Sauerkraut	petit salé à la choucroute
Königsberger Klopse	boulettes de veau avec une sauce aux câpres

LA CUISINE

Lammkeule mit Knoblauch und Minze	gigot d'agneau à l'ail et à la menthe
Lammschulter	épaule d'agneau
Leberkäs	terrine de viande
Maultaschen	raviolis
Ochsenbrust	poitrine de bœuf
paniertes Schnitzel	escalope panée
Putenschnitzel	escalope de dinde
Rehbraten	rôti de chevreuil
Rehmedaillons mit Sauerkirschen	filets mignons de chevreuil aux griottes
Rinderbraten	rôti de bœuf
Schmorbraten	bœuf en daube
Schmorkaninchen	lapin en daube
Schnitzel mit Jägersoße	escalopes à la sauce chasseur
Schweinebraten	rôti de porc
Schweinerippchen	côte de porc
Tafelspitz mit Meerrettichsahne	poitrine de bœuf à la crème de raifort
Wiener Würstchen	saucisse de Francfort
Wildgulasch mit Pilzen	ragoût de gibier aux champignons
Wildschweinragout	ragoût de sanglier

● Würste saucisses

Bierwurst	sorte de salami, à déguster avec la bière
Bockwurst	grosse saucisse bouillie à la peau épaisse
Bratwurst	traditionnelle saucisse grillée
Currywurst	boudin blanc avec une sauce au curry
Leberwurst	saucisse de foie (en fait, un pâté à tartiner)
Schinkenwurst	saucisse fumée à grains épais
Weißwurst	boudin blanc

● Fischgerichte poissons

C'est en Allemagne du Nord (Schleswig-Holstein, près de la Baltique) qu'on trouve la plus grande variété de poissons. Ils se mangent parfois crus ou marinés.

Aal blau	anguille cuite à l'eau
Aal in Dillsoße	anguille à la sauce à l'aneth
Aal in Kräutersoße	anguille à la sauce aux fines herbes
Fischfilets mit Kartoffelpüree	filets de poisson avec purée de pommes de terre
Forelle blau	truite cuite à l'eau
Forelle Müllerin	truite meunière
gebratene Scholle	sole grillée
Hecht grün	brochet à la sauce aux fines herbes
Hecht in Rahmsoße	brochet servi avec sauce à la crème
Kabeljaufilet	filet de cabillaud
Karpfen blau	carpe cuite à l'eau
Matjesfilets mit Zwiebelringen	jeunes harengs salés avec rondelles d'oignons
Schollenfilets in Speckmantel	filets de sole enroulés dans du lard
Seezungenröllchen	rouleau de limande
Zander in Rote-Beete-Soße	sandre à la sauce aux betteraves rouges

● Gemüse légumes

Les accompagnements privilégiés sont les pommes de terre (sous toutes ses formes) et le chou (frisé, blanc, rouge). La choucroute, spécialité alsacienne, est moins présente en Allemagne que l'on ne pense.

Blumenkohl	chou-fleur
Bratkartoffeln	pommes de terre sautées
Erbsen	petits pois
grüne Bohnen	haricots verts
Grünkohl	chou frisé
Karotten	carottes
Kartoffeln	pommes de terre
Kohl	chou
Linsen	lentilles
Nudeln	pâtes
Pellkartoffeln	pommes de terre en robe des champs
Pommes frites	frites
Reis	riz
rote Beete	betterave rouge

Rotkohl, Rotkraut	chou rouge
Salat	salade
Salzkartoffeln	pommes de terre à l'anglaise
Sauerkraut	choucroute
Sellerie	céleri
Spargel	asperges
Tomaten	tomates
Weißkohl	chou blanc
Wirsing	chou de Milan

● **Salate** salades

gemischter Salat	salade mixte
grüner Salat	salade verte
Joghurtdressing	sauce au yaourt
Kartoffelsalat	salade de pommes de terre
Marktsalat	salade du marché
Nizza-Salat	salade niçoise
Rote-Beete-Salat	salade de betteraves rouges
Salat mit grünen Bohnen	salade aux haricots verts
Vinaigrette	vinaigrette

● **Kuchen und Nachspeisen** gâteaux et desserts

Chaque région a ses spécialités de dessert. Les pâtisseries sont souvent délicieuses. À déguster au moment du **Kaffee-Kuchen** (goûter), les fameux **Strudel** ou les forêts-noires (**Schwarzwälder Kirschtorten**).

Apfel im Schlafrock	pomme en croûte
Apfelkompott	compote de pommes
Apfelkuchen	tarte aux pommes
Apfelpfannkuchen	beignet aux pommes
Apfelstrudel	pâte très fine fourrée aux pommes cuites
Bayerische Creme mit Früchten	crème bavaroise aux fruits
Bratäpfel	pommes cuites au four
Erdbeertorte	fraisier

Frankfurter Kranz	gâteau à la crème et à la nougatine
gemischtes Eis	assortiment de glaces
Heidelbeerpfannkuchen	beignets aux myrtilles
Karottenkuchen	gâteau de carottes
Käsekuchen	gâteau au fromage blanc
Käse-Sahne-Torte	génoise recouverte d'un mélange de fromage blanc et de crème fraîche garnie de fruits frais
Mohntorte	gâteau au pavot
Obstsalat mit Joghurtsoße	salade de fruits à la sauce au yaourt
Rhabarbergrütze	salade de rhubarbe
Rote Grütze	compote de fruits rouges gélifiés
Rumpudding	flan au rhum
Sauerkirschen mit Griesnocken	griottes servies avec des quenelles à la semoule
Waffel mit Schlagsahne	gaufre à la chantilly
Weichselpudding	charlotte aux griottes

● **Imbiss** sur le pouce

belegtes Brötchen mit Käse	sandwich au fromage
belegtes Brötchen mit Schinken	sandwich au jambon
Currywurst mit Pommes	saucisse au curry avec des frites
Döner-Kebab	sandwich grec
Fischbrötchen	sandwich au poisson
Frikadellen mit Kartoffelsalat	boulettes de viande et salade de pommes de terre
halbes Hähnchen	demi-poulet rôti
Laugenbrezel	petit pain brioché salé en forme de couronne
Laugenbrötchen mit Butter	petit pain brioché salé au beurre
Paar Wiener Würstchen mit Kartoffelsalat	deux saucisses de Francfort servies avec une salade de pommes de terre
Rührei mit Speck	œufs brouillés aux lardons
Strammer Max	sandwich comparable au croque-monsieur

Glossaire de l'alimentation

Aal anguille
Abendessen dîner
Ahornsirup sirop d'érable
Apfel pomme
Apfelpfannkuchen beignet aux pommes
Apfelsaft jus de pomme
Artischocke artichaut
Aubergine aubergine
Auflauf gratin, soufflé
Auster huître
Avocado avocat
Banane banane
Barsch perche
Basilikum basilic
Bataviasalat batavia
Beilage accompagnement
Berliner beignet
Bier bière
Birne poire
Birnengeist eau-de-vie de poire
Biskuit génoise
Bitterschokolade chocolat noir
Blätterteig pâte feuilletée
Blutwurst sorte de boudin noir
brauner Zucker sucre roux
Brombeere mûre
Brot pain
Brötchen petit pain rond
Brunnenkresse cresson
Butter beurre
Cayennepfeffer poivre de Cayenne
Champignon champignon de Paris
Chicoree endive
Crème Fraîche crème fraîche épaisse

Dattel datte
Dill aneth
Dinkel épeautre
Eintopf pot-au-feu avec ou sans viande
Eis glace
Endiviensalat variété de salade frisée
Erdbeere fraise
Erdnuss cacahouète
Erdnussbutter beurre de cacahouète
Espresso express
Essig vinaigre
Essiggurke cornichon
Estragon estragon
Fasan faisan
Feinzucker sucre en poudre
Feldsalat mâche
Fenchel fenouil
Fencheltee infusion de fenouil
Filet filet
Fleisch viande
Forelle truite
Frühlingszwiebel petit oignon
Frühstück petit déjeuner
Frühstücksei œuf à la coque
Gans oie
Garnele crevette
Geflügel volaille
gekochter Schinken jambon cuit
Gelee gelée
Geschnetzeltes émincé
Getränk boisson
Getreide céréales
Glühwein vin chaud épicé
Goldbrasse dorade

Grapefruitsaft jus de pamplemousse
Grog grog
grüne Bohnen haricots verts
grüne Paprika poivron vert
grüner Pfeffer poivre vert
Grünkern variété de blé qu'on récolte vert
Grünkohl chou frisé
Grüntee thé vert
Gulaschsuppe goulasch
Gurke concombre
Hackfleisch viande hachée
Hacksteak steak haché
Haferflocken flocons d'avoine
Hagebuttentee infusion aux fruits d'églantines
Halbfettmilch lait demi-écrémé
Halbgefrorenes parfait
hart gekochtes Ei œuf dur
Hase lièvre
Haselnuss noisette
Hecht brochet
Hefezopf brioche en forme de tresse
Heidelbeere myrtille
Heilbutt turbot
Hering hareng
Himbeere framboise
Hirsch cerf
Honig miel
Honigmelone melon
Hopfen houblon
Huhn poulet
Hühnerbrust blanc de poulet
Hühnerkeule cuisse de poulet
Hühnerleber foie de poulet
Hummer homard
Hüttenkäse fromage blanc égoutté

Ingwer gingembre
Innereien abats
Jägersoße sauce à base de champignons
Jakobsmuschel coquille Saint-Jacques
Joghurt yaourt
Kabeljaufilet filet de cabillaud
Kaffee café
Kalamares calamars
Kalb veau
Kamillentee infusion de camomille
Kaninchen lapin
Kaper câpre
Karamell caramel
Karotten carotte
Karpfen carpe
Kartoffel pomme de terre
Kartoffelpüree purée de pommes de terre
Käse fromage
Keks biscuit
Kerbel cerfeuil
Kirsche cerise
Kirschwasser eau-de-vie de cerise
Kiwi kiwi
Knoblauch ail
koffeinfreier Kaffee déca
Kognac cognac français
Kohl chou
Kohlrabi chou-rave
Kokosnuss noix de coco
Kopfsalat laitue
Koreander coriandre
Korinthe raisins de Corinthe
Kornschnaps eau-de-vie à base de seigle
Krabbe crevette
Kräuter fines herbes
Kräutertee tisane

Kreuzkümmel cumin
Kuchen terme générique désignant des gâteaux et tartes aussi bien salés que sucrée
Kümmel carvi
Kürbis citrouille
Lachs saumon
Lamm agneau
Lammkeule gigot d'agneau
Lammschulter épaule d'agneau
Landjäger variété de saucisson sec fumé
Languste langouste
Lauch poireau
Leber foie
Leitungswasser eau du robinet
Limette citron vert
Limonade limonade
Lokum loukoum
Lorbeerblatt feuille de laurier
Magenbitter liqueur amère à base de plantes aromatiques (digestif)
Magermilch lait écrémé
Mais maïs
Maiskolben épi de maïs
Majoran marjolaine
Makrele maquereau
Mandel amande
Mango mangue
Mangold blette
Margarine margarine
Marmelade confiture
Marzipan pâte
Maultaschen raviolis
Mehl farine
Melone terme générique désignant melons et pastèques
Meerrettich raifort
Miesmuschel moule

Milch lait
Milchshake milkshake
Mineralwasser eau minérale (souvent gazeuse)
Minze menthe
Mirabelle mirabelle
Mirabellenschnaps eau-de-vie de mirabelle
Mittagessen repas de midi
Mohn pavot
Mohnkuchen gâteau au pavot
Mürbeteig pâte brisée
Muskatnuss noix de muscade
Nelke girofle
Niere rognon
Nudeln nouilles, pâtes
Nüsse terme générique désignant les fruits secs tels que noix, noisettes, pistaches, amandes
Obst fruits
Obstkuchen gâteau aux fruits frais
Obstwasser eau-de-vie de fruit
Ochsenbrust poitrine de bœuf
Ochsenschwanz queue de bœuf
Ofenkartoffel pomme de terre au four
Okragemüse gombo
Öl huile
Olive olive
Olivenöl huile d'olive
Orange orange
Orangenlimonade orangeade
Orangenmarmelade confiture d'orange
Orangensaft jus d'orange
Oregano origan
Pampelmuse pamplemousse
paniertes Schnitzel escalope panée

Paprika poivron
Parmaschinken jambon de Parme
Pastete pâté
Pecannuss noix de Pécan
Pellkartoffel pomme de terre en robe des champs
Peperoni piment
Perlhuhn perdrix
Pesto pistou
Petersilie persil
Pfannkuchen crêpe épaisse
Pfeilwurzelmehl curcuma
Pfirsich pêche
Pflaume prune
Pils bière blonde à forte teneur en houblon
Pilz champignon
Pistazie pistache
Pommes frites frites
Portwein porto
Pudding sorte de flan
Puderzucker sucre glace
Quittengelee gelée de coings
Räucherlachs saumon fumé
Räucherschinken jambon fumé
Reh chevreuil
Rehbraten rôti de chevreuil
Reis riz
Rettich radis noir
Rhabarber rhubarbe
Rind bœuf
Rinderfilet filet de bœuf
Rindersteak steak de bœuf
Rippchen côtelette
Rochen raie
Roggen seigle
Rohrzucker sucre de canne
Romanasalat romaine
Rosenkohl choux de Bruxelles
Rosine raisin sec

Rosmarin romarin
Rotbarbe rouget barbet
rote Beete betterave rouge
rote Johannisbeere groseille
rote Paprika poivron rouge
Rotwein vin rouge
Rührei œufs brouillés
Rukola roquette
Rum rhum
Rumpsteak rumsteak
Sachertorte gâteau autrichien au chocolat
Safran safran
Saft jus de fruit
Salat salade
Salbei sauge
Salz sel
Salzkartoffeln pommes de terre à l'anglaise
Sardelle anchois
Sauerkirsche griotte
Sauerkraut choucroute
Sauerrahm crème fraîche épaisse aigre
Schafskäse fromage de brebis
Schalotte échalote
Schaumwein vin mousseux
Schinken jambon
Schlagsahne crème Chantilly
Schnaps terme générique désignant toutes sortes d'alcools forts
Schnittlauch ciboulette
Schokolade chocolat
Schokoriegel barre chocolatée
Scholle sole
Schwarzbrot pain noir
schwarze Johannisbeere cassis
schwarzer Pfeffer poivre noir
Schwarztee thé noir
Schwein porc

Schweinebraten rôti de porc
Schweinerippchen côtes de porc
Schwertfisch espadon
Seelachs colin
Seeteufel lotte
Sekt vin mousseux allemand
Sellerie céleri
Senf moutarde
Sesam sésame
Sezuanpfeffer baies roses
Sherry xérès
Sojasprosse germe de soja
Sonnenblumenkerne graines de tournesol
Sonnenblumenöl huile de tournesol
Sorbet sorbet
Spargel asperge
Spargelcremesuppe crème d'asperges
Sprotte petit poisson de la mer du Nord
Sprudel eau minérale gazeuse parfois sucrée
Stachelbeere groseille à maquereau
Steinpilz cèpe
Stockfisch morue
Streichkäse fromage à tartiner
Streusel préparation à base de farine, beurre et sucre dont on garnit fréquemment les gâteaux
Sultanine raisins de Smyrne
süße Sahne crème fraîche liquide
süßer Senf moutarde douce
Süßkartoffel patate douce
Tee thé
Thunfisch thon
Tintenfisch poulpe
Tomate tomate
Torte gâteau sucré souvent à la crème

Traube raisin
Trüffel truffe
Vanille vanille
Vollmilchschokolade chocolat au lait
Waffel gaufre
Waldmeisterbowle punch à base d'une plante aromatique
Walnuss noix
Wasser eau
Wassermelone pastèque
Weißbier bière blanche
Weißbrot pain blanc
weißer Pfeffer poivre blanc
Weißkohl chou blanc
Weißwein vin blanc
Wein vin
Weinbrand cognac
Weizen blé
Weizenbier bière claire et rafraîchissante
Wiener Würstchen saucisse viennoise
Wild gibier
Wildschwein sanglier
Wurst terme générique désignant saucisses et saucissons
Würstchen petite saucisse
Zander sandre
Zartbitterschokolade chocolat doux-amer
Ziegenkäse fromage de chèvre
Zimt cannelle
Zitrone citron
Zitronenlimonade limonade
Zucchini courgette
Zucker sucre
Zwetschge prune
Zwiebel oignon
Zwiebelringe rondelles d'oignons frites ou non

Bretzel

Käse

Brötchen

Milch

Kaffee

Graubrot

Kräutertee

Marmelade

Fruchtsäfte

heiße
Schokolade

Cornflakes

Schwarzer Tee

Müsli

Plätzchen

Kekse

Vollkornbrot

Honig

Stollen

Espresso

Kohl

Zwiebeln

Knoblauch

Karotten

Champignon

Erbsen

Mais

Paprika

Kiwi

Tomaten

Feigen

Pflaumen

Aprikosen

Kartoffeln

Himbeeren

Kirschen

Ananas

Pfirsich

Trauben

Birnen

Wassermelone

Orangen

Bananen

Erdbeeren

Zitronen

Äpfel

LES FRUITS

ℹ️ On trouve les programmes dans les revues culturelles ou les journaux locaux, disponibles dans les offices de tourisme et les salles de spectacle, mais aussi les cafés et les autres lieux publics. En général, il n'est pas nécessaire de réserver longtemps à l'avance. Il y a toujours des réductions pour les étudiants.

Grâce au système des troupes locales, la plupart des villes ont leur propre programmation théâtrale et musicale. Les prix sont en général raisonnables. En plus de la musique classique, l'Allemagne est riche en concerts de rock et de jazz (dans les clubs, les bars et parfois des petites salles "alternatives").

Le cinéma reste assez cher (jusqu'à 8,5 euros pour une séance du samedi soir). Il y a souvent un jour à moitié prix (**Kinotag**), différent pour chaque cinéma. La diffusion de films internationaux est large, mais le plus souvent post-synchronisés en allemand. Les séances de films en version originale sous-titrés sont signalés par **OmU** (**Original mit Untertiteln**), les films en version originale simple par **OF** (**Originalfassung**) ou **OV** (**Originalversion**).

Les sorties entre amis se font plutôt dans les bars ou brasseries qu'à la maison. Les bars de standard international se trouvent dans toutes les grandes villes, mais beaucoup d'Allemands leur préfèrent les bars à bière plus typiques. Si vous êtes invités, faites en sorte d'arriver à l'heure : les Allemands sont en général très ponctuels et se retrouvent le soir assez tôt (à partir de 18h).

L'Allemagne est réputée pour ses boîtes de nuit. Majoritairement techno dans les grandes villes, la musique est plus traditionnelle et locale dans les petites villes. Il y a de nombreux lieux insolites à la mode, dans d'anciennes usines ou hangars par exemple. Les prix vont de 2,5 à 10 euros, parfois plus dans les lieux très branchés. La première consommation n'est pas toujours comprise dans le prix d'entrée. L'heure de fermeture se situe entre 1h et 3h du matin, plus tard à Berlin ou Leipzig.

Pour commencer

bar	die Kneipe *di **knaï**pe*
boîte de nuit	die Disko(thek) *di diskô(**ték**)*
cinéma	das Kino *dass **ki**nô*
cirque	der Zirkus *dér **tsir**kouss*
concert de pop/jazz/ rock	das Pop-/Jazz-/Rockkonzert *dass **pop**-/**djes**-/**rok**-kon'tsert*
danse classique/ contemporaine	klassisches/modernes Ballett ***kla**ssicheuss/mo**der**neuss ball**et**'*
festival	das Festival *dass **fes**tival*
fête	das Fest *dass fest*
film	der Film *dér film*
folklorique	Folklore- *folk**lô**re*
groupe (de musique)	die (Musik-)Gruppe *di mou**zik**grouppe*
musique classique	die klassische Musik *di **klas**siche mou**zik***
musique traditionnelle	die Volksmusik *di folksmou**zik***
publicités	die Werbung *di **ver**boun'g*
réserver (par télé- phone)	(telefonisch) vorbestellen *(télé**fô**nich) **fôr**bé**chtell**eun'*
soirée	das Fest *dass fest*
sortir	ausgehen *à*oussguéeun'*
spectacle	die Vorstellung *di **fôr**chtelloun'g*
théâtre	das Theater *dass té**â**teur*
ticket	die Eintrittskarte *di **aïn**'tritskarte*
VO sous titrée	Originalton mit Untertiteln *origu**inal**tôn' mit **oun**'teurtiteuln*

Proposer, inviter

S'exprimer

où est-ce qu'on peut aller ?
wohin könnte man gehen?
*vô**hin**' keun'te man' **gué**eun' ?*

tu as quelque chose de prévu ?
hast du schon etwas vor?
*hast dou chôn' etvass **fôr** ?*

qu'est-ce que tu veux faire ?
was möchtest du machen?
*vass meushtest dou **mar**reun' ?*

qu'est-ce que vous voulez faire ?
was möchten Sie machen?
*vass meushteun' zi **mar**reun' ?*

SORTIR

qu'est-ce que tu fais ce soir ?
was machst du heute Abend?
*vass **marr**st dou hoïte **a**beun't ?*

ça te dit d'aller boire un verre ?
hast du Lust, einen zu trinken?
*hast dou **loust**, aïneun' tsou **trin**'keun' ?*

qu'est-ce que vous faites ce soir ?
was machen Sie heute Abend?
*vass **marr**eun' zi hoïte **a**beun't ?*

on va prendre un verre ?
gehen wir einen trinken?
*guéeun' vir aïneun' **trin**'keun' ?*

avec plaisir
sehr gern/mit Vergnügen
***zér** guern/mit fergu'**nû**gueun'*

on pensait aller au cinéma/chez des amis/à Kreuzberg
wir könnten ins Kino/zu Freunden/nach Kreuzberg gehen
*vir keun'teun' inss **ki**no/tsou froïndeun'/narr kroïtsberg **gué**eun'*

aujourd'hui je ne peux pas mais un autre jour si tu veux
heute habe ich keine Zeit, ein andermal gern
*hoïte habe ish kaïne **tsaït**, aïn **an'**deurmâl guern*

je ne suis pas sûr de pouvoir
ich weiß noch nicht, ob ich Zeit habe
*ish vaïss norr **nisht** op ish **tsaït** habe*

Se retrouver

S'exprimer

ce serait pas possible de se retrouver un peu plus tard ?
könnten wir uns etwas später treffen?
*keun'teun' vir oun's etvass **chpè**teur treffeun' ?*

je dois rejoindre … à 9h
ich bin um neun Uhr mit … verabredet
*ish bin' oum noïn' our mit … fer**ap**rédeut*

on se retrouve à quelle heure ?
um wie viel Uhr sollen wir uns treffen?
*oum vifil **our** zolleun' vir oun's **tref**feun' ?*

on se retrouve où ?
wo treffen wir uns?
***wô** treffeun' vir oun's ?*

SORTIR

je ne sais pas où c'est mais je trouverai sur la carte
ich weiß nicht, wo das ist, aber mit dem Stadtplan finde ich es
*ish vaïss **nisht**, vô dass **ist**, âbeur mit dém **chtat**plân' fin'de ish ess*

je vous rejoindrai plus tard, il faut que je passe à l'hôtel d'abord
ich komme später nach; ich muss zuerst noch einmal ins Hotel
*sh komme **chpè**teur narr ; ish mouss tsou**erst** aïn'maâl in's hô**tel***

tu auras mangé avant ?
isst du vorher etwas?
*isst dou fôr**hér** étvass ?*

à demain soir
bis morgen abend
*biss **mor**gueun abeun't*

désolé d'être en retard
es tut mir Leid, ich bin zu spät
*ess tout mir **laït**, ish bin' tsou **chpèt***

Comprendre

passt dir das?
est-ce que ça te va ?

wir treffen uns vor …
on se retrouve devant …

wir treffen uns dort
on se rejoint directement là-bas

ich hole dich gegen acht ab
je passerai te chercher vers 8h

ich gebe dir meine Nummer, ruf' mich morgen an
je vais te donner mon numéro, tu n'as qu'à m'appeler demain

Quelques expressions familières

einen trinken gehen prendre un pot
einen Happen essen manger un bout

Cinéma, spectacles, concerts

S'exprimer

est-ce qu'il y a un guide des spectacles ?
gibt es ein Programm der kulturellen Veranstaltungen?
*guipt ess aïn' pro**gram** dér koultou**rell**eun' fer**an'**chtaltoun'gueun' ?*

je voudrais 3 places pour …
bitte drei Plätze für …
*bitte draï **plèt**se fur …*

2 tickets pour …, s'il vous plaît
zwei Eintrittskarten für …
*tsvaï **aïn'**tritskarteun' fur …*

il joue dans ce film
er spielt in diesem Film mit
*er chpîlt in' dizeum **film** mit*

ça s'appelle …
das heißt …
*dass **ha**ïsst …*

j'en ai entendu parler, il paraît que c'est …
ich habe schon davon gehört, es soll … sein
*ish habe chôn' da**fon'** gué**heurt**, ess zol … zaïn'*

j'ai vu la bande-annonce, ça à l'air …
ich habe die Vorankündigung gesehen, das macht einen … Eindruck
*ish habe di fôran'**kun'**digoun'g gué**zé**eun', dass marrt aïneun'... **aïn'**drouk*

à quelle heure est la séance/le film ?
wann beginnt die Vorstellung/der Film?
*van' béguin't di **fôr**chtelloun'g/dér **film** ?*

j'aimerais bien aller au théâtre
ich würde gern ins Theater gehen
*Ish vurde guern in's té**â**teur guéeun'*

je vais passer voir s'il reste des places
ich gehe vorbei und schaue, ob noch Plätze frei sind
*ish guéhe fô**rbaï** oun't **châ**oue, op norr plètse **fraï** zin't*

est-ce qu'il faut réserver à l'avance ?
muss man reservieren?
*mouss man' rézer**vî**reun' ?*

ça se joue jusqu'à quand ?
bis wann wird das gegeben?
*biss **van'** virt dass gué**gué**beun' ?*

est-ce qu'il reste des places un autre jour ?
sind an einem anderen Tag noch Plätze frei?
*zin't an' aïneum **an'**dereun' tag norr plètse **fraï** ?*

j'aimerais bien aller à un concert dans un café ou quelque chose comme ça
ich würde gern zu einem Konzert in einer Kneipe oder so etwas gehen
*ish vurde guern tsou aïneum kon't**sert** in' aïneur **knaï**pe ôdeur zo **et**vass guéeun'*

est-ce qu'il y a des concerts gratuits ?
gibt es kostenlose Konzerte?
*guipt ess **kos**teun'lôze kon't**ser**te ?*

c'est quel genre de musique ?
was für eine Musikrichtung ist das?
*vass fur aïne mou**sik**rishtoun'g ist dass ?*

je n'aime pas beaucoup ce type de musique
ich mag diese Musikrichtung nicht besonders
*ish mag dize mou**zik**rishtoun'g nisht bé**zon**'deurs*

Comprendre

Experimentalfilm	cinéma d'art et d'essai
Hollywoodfilm	grosse production/film commercial
(Karten)vorverkauf	billetterie
Matinee	matinée (au théâtre)
Premiere am …	sortie le …
Reservierungen	réservations
Sitzplatz ohne Sicht auf die Bühne	place sans visibilité
Zugabe!	une autre ! (chanson)

es findet ein Konzert in der Kirche statt
il y a un concert de musique classique dans l'église

das ist ein Open-Air-Konzert
c'est un concert en plein air

das hat sehr gute Kritiken bekommen
il y a de très bonnes critiques

das kommt nächste Woche raus
ça sort la semaine prochaine

das findet um acht im Odeon statt
ça se joue à 8h à l'Odéon

es ist ausverkauft bis zum …
c'est complet jusqu'au …

es ist ratsam, eine Viertelstunde vorher da zu sein
il est conseillé de venir un quart d'heure avant

die Eintrittskarten werden am Eingang verkauft, eine halbe Stunde vor Beginn der Vorstellung
les places sont vendues à l'entrée, une demi-heure avant le spectacle

es ist nicht nötig zu reservieren
ce n'est pas la peine de réserver à l'avance

das Stück dauert eineinhalb Stunden mit Pause
la pièce dure une heure et demie avec entracte

bitte schalten Sie Ihr Handy aus
prière d'éteindre votre portable

Fêtes, soirées, discothèques

S'exprimer

j'organise une petite soirée pour mon départ
ich gebe ein kleines Fest, um meinen Abschied zu feiern
*ish guébe aîn' klaïneuss **fest** oum maïneun' **ap**chîd tsou faïeurn'*

il y a un bal pour la fête du village ce soir
heute Abend gibt es ein Tanzvergnügen auf dem Dorffest
*hoïte **a**beun't guipt ess aïn' **tan'ts**fergu'nûgueun' âouf dém **dorf**-fest*

est-ce qu'il faut apporter quelque chose à boire ?
sollte man etwas zu trinken mitbringen?
*zolte man' etvass tsou **trin**'keun' **mit**brin'gueun' ?*

on pourrait aller en boîte après
danach könnten wir in die Disko gehen
*danarr keun'teun' vir in' di **dis**kô guéeun'*

l'entrée est payante ?
kostet der Eintritt?
*kosteut dér **aïn**trit ?*

tu viens souvent ici ?
kommst du oft hierher?
*kommst dou **oft** hîrhér ?*

je dois retrouver quelqu'un à l'intérieur
ich muss drinnen jemanden treffen
*ish mouss **dri**neun' iéman'deun' treffeun'*

vous me laisserez entrer quand je reviendrai ?
lassen Sie mich ein, wenn ich zurückkomme?
*lasseun' zi mish **aïn**', vèn' ish tsou**ruk**-komme ?*

merci, mais je suis avec mon copain
danke, aber ich bin in Begleitung meines Freundes
***dan**'ke, âbeur ish bin' in' bé**glaï**toun'g maïneuss **froïn**'deuss*

je danse comme un pied
ich tanze wirklich nicht gut
*ish tan'tse **vir**klish nisht gout*

non merci, je ne fume pas
nein danke, ich rauche nicht
*naïn', **dan**'ke, ish **râ**ourre nisht*

Comprendre

Garderobe	vestiaire
Jahrmakt	fête foraine
Kirmess	saint patron
kostenloses Getränk	conso gratuite
Open-Air	en plein air
Prozession	procession
Umzug	défilé

… gibt eine Party
il y a une soirée chez …

möchtest du tanzen?
tu veux danser ?

darf ich dir etwas zu trinken anbieten?
je t'offre quelque chose à boire ?

hättest du eine Zigarette für mich?
est-ce que tu aurais une cigarette ?

hast du Feuer?
est-ce que tu aurais du feu ?

können wir uns wieder sehen?
on peut se revoir ?

du siehst sehr gut aus
tu es très belle

darf ich Sie hinein begleiten?
je peux vous raccompagner ?

VISITES TOURISTIQUES

❶ Les offices de tourisme allemands sont très efficaces. L'Office National de Tourisme (**Deutsche Zentrale für Tourismus**) siège à Francfort-sur-le-Main. Les offices de tourisme locaux sont ouverts du lundi au samedi, parfois le dimanche dans les grandes villes. Ils vendent tous des cartes et des guides, proposent des visites, les programmes culturels et des formules pour les transports publics. Dans la rue, vous trouverez des plans de la ville ou du quartier.

Les musées allemands sont fermés le lundi. Généralement bien organisés, ils proposent des visites guidées ou des audio-guides, et souvent une cafétéria. Des réductions sont accordées aux étudiants et aux personnes âgées sur présentation d'un justificatif. Les musées d'État sont généralement gratuits le dimanche et les jours fériés.

Pour commencer

ancien	alt *alt*
antique	antik *an'tik*
art moderne/con temporain	moderne/zeitgenössische Kunst *mo**der**ne/**tsaï**tguéneussiche **koun'st***
cathédrale	der Dom *dér d**ô**m*
centre-ville	das Stadtzentrum *dass **chtat**-tsèn'troum*
château	das Schloss *dass chloss*
église	die Kirche *di **ki**rshe*
exposition	die Ausstellung *di âousschtelloun'g*
galerie	die Galerie *di galerî*
guide *(personne)*	der Führer *dér f**û**reur*
musée	das Museum *dass mou**zé**oum*
office du tourisme	die Touristeninformation *di touris-teun'in'format**siôn'***
parc	der Park *dér park*
peinture	die Malerei *di maleraï*
quartier	das Stadtviertel *dass **chtat**-fîrteul*
ruines	die Ruine *di rouîne*
siècle	das Jahrhundert *dass **î**âr'houn'deurt*
tableau	das Gemälde *dass gué**mèl**de*
touristique	touristisch *tou**ris**tich*

S'exprimer

je voudrais avoir des renseignements sur …
ich hätte gern eine Auskunft über …
ish hette guern aïne âousskoun'ft ûbeur …

où est-ce que je peux trouver des informations sur … ?
wo bekomme ich Informationen über …?
vô békomme ish in'formatsiôneun' ûbeur … ?

est-ce que vous auriez un plan de la ville ?
haben Sie einen Stadtplan?
habeun' zi aïn' chtatplân' ?

vous pouvez me montrer où c'est sur le plan ?
können Sie mir zeigen, wo das auf dem Plan ist?
keuneun' zi mir zagueun' vô dass âouf dém plân' ist ?

comment on y va ?
wie kommt man da hin?
vi komt man' da hin ?'

c'est gratuit ?
ist es kostenlos?
ist ess kosteun'lôs ?

quand est-ce que ça a été construit ?
wann wurde das erbaut?
van' vourde dass érbâout ?

Comprendre

Altstadt	vieille ville
Antike	antiquité
Biedermeier	période de la restauration
Eintritt frei	entrée libre
Führung	visite guidée
geöffnet	ouvert
germanisch	germanique
geschlossen	fermé
gotisch	gothique
Krieg	guerre
mittelalterlich	médiéval
Renovierungsarbeiten	travaux de rénovation
romanisch	roman
Romantik	romantisme

Sie befinden sich hier
vous êtes ici (sur un plan)

Sie müssen sich vor Ort erkundigen
il faut vous renseigner sur place

die Kapelle stammt aus dem dreizehnten Jahrhundert
la chapelle date du XIIIe siècle

Musées, expositions et monuments

S'exprimer

il paraît qu'il y a une très bonne expo sur … en ce moment
es soll zurzeit eine sehr gute Ausstellung über … geben
*ess zol tsour **tsaït** aïne **zér** goute **â**ousschtelloun'g ubeur … **gué**beun'*

combien coûte l'entrée ?
wie hoch ist der Eintritt?
*vi hôrr ist dér **aïn**'trit ?*

le ticket est valable aussi pour l'exposition ?
die Eintrittskarte gilt auch für die Ausstellung?
*di **aïn**'tritskarte guilt âourr fur di âousschtelloun'g?*

est-ce qu'il y a des réductions pour les jeunes ?
gibt es Ermäßigung für Jugendliche?
*gipt ess ér**mès**sigoun'g fur **iou**gueun'tlishe ?*

est-ce que c'est ouvert le dimanche ?
ist es sonntags geöffnet?
*ist ess zon'tags gué-**euf**neut' ?*

2 tarifs réduits et un plein tarif
zwei ermäßigte Eintrittskarten, eine zum vollen Preis
*tsvaï ér**mès**sigte **aïn**'tritskarteun', aïne tsoum folleun' praïss*

j'ai cette carte de mon université
ich habe diesen Ausweis von meiner Universität
*ish habe dîzeun' âoussvaïss von' maïneur ouniversi**tèt***

à quelle heure est la prochaine visite guidée ?
wann ist die nächste Führung?
*van' ist di nekste **fû**roun'g ?*

combien dure la visite ?
wie lange dauert die Besichtigung?
vi lan'gue dâoueurt di bézishtigoun'g ?

Comprendre

Audioführer	audiophone
Eintrittskarten	billetterie
Rundgang	sens de la visite
Sonderausstellung	exposition temporaire
ständige Ausstellung	exposition permanente

bitte keine Fotos machen   **bitte kein Blitzlicht**
photos interdites   flash interdit

Ruhe bitte
silence, s'il vous plaît

der Eintritt ins Museum kostet …
l'entrée du musée coûte …

diese Eintrittskarte gilt auch für die Ausstellung
avec ce ticket, vous avez aussi accès à l'exposition

haben Sie Ihren Studentenausweis?
vous avez votre carte d'étudiant ?

in fünf Minuten beginnt eine Führung in französischer Sprache
il y a une visite guidée en français qui commence dans 5 minutes

Impressions

S'exprimer

c'est magnifique   **c'était magnifique**
es ist großartig   es war großartig
*ess ist **grôss**-artish*   *ess var **grôss**-artish*

ça ne m'a pas tellement plu
es hat mir nicht besonders gefallen
*ess hat mir nisht bé**zon**'deurs gué**fall**eun'*

Esche

Tanne

Birke

Pappel

Kastanie

Linde

Palme

Trauerweide

Eiche

Gras

Disteln

Osterglocken

Veilchen

Tulpe

Hibiskus

Kamille

Geranie

Klee

Sonnenblume

Efeu

Jasmin

Flieder

Löwenzahn

Stiefmütterchen

Maiglöckchen

Gerbera

Lavendel

Orchidee

Mohn

Iris

Rose

Butterblume

Nelke

je ne suis pas fana d'art contemporain
ich habe nicht so viel übrig für moderne Kunst
*ish habe nisht **zo** fîl ûbrish fur mo**de**rne **koun'st***

c'est cher pour ce que c'est   **c'est très touristique**
der Preis ist etwas übertrieben   es ist sehr touristisch
*dér **praïss** ist etvass ubeur**trî**beun'   ess ist **zér** touristich*

il y avait énormément de monde
es war unglaublich voll
*ess var **oun'**glâoublish fol*

on n'a pas eu le temps de tout voir
wir hatten nicht die Zeit, alles zu besichtigen
*vir hatteun' nisht di **tsaït a**lleuss tsou bé**zi**shtigueun'*

Comprendre

berühmt   célèbre
malerisch   pittoresque
typisch   typique

Sie müssen unbedingt … besichtigen
il faut absolument que vous alliez voir …

ich empfehle Ihnen, nach … zu gehen
je vous recommande d'aller à …

es ist sehr touristisch geworden
c'est devenu très touristique

SPORTS ET JEUX

ℹ️ Le football est le sport le plus populaire en Allemagne. Les meilleurs matchs sont souvent locaux, comme entre le **Bayern de Munich** et l'équipe **Munich 1860**, ou entre **VFL Bochum** et **Borussia Dortmund**. Les matchs de Ligue nationale (**Bundesliga**) se jouent le week-end. La saison s'étale de septembre à juin, avec une interruption entre Noël et mi-février. Les billets, vendus à l'avance dans les agences locales, coûtent de 5 à 10 euros pour les places debout (**Stehplätze**) et à partir de 15 euros pour les places assises bon marché.

Jadis peu populaire, le tennis a acquis beaucoup d'amateurs depuis les succès retentissants de Boris Becker. Il y a de grands tournois dans de nombreuses grandes villes allemandes, durant toute la saison. On peut trouver tous les renseignements à l'office fédéral du tennis à Hambourg (tél. 040-41 17 80).

Le vélo se pratique aussi bien en ville qu'à la campagne (environ 35 000 km de pistes cyclables dans le pays). On peut faire des randonnées à vélo, en particulier en Frise du Nord ou dans le Harz. Il y a dans les villes de nombreuses possibilités de location de vélo.

Les principales stations de ski se trouvent dans les Alpes allemandes ; la plus célèbre est sans doute Garmisch-Partenkirchen. Pour ceux qui cherchent des lieux moins chers ou moins à la mode, il y a de belles pistes dans le Harz. Le tourisme alpin est très développé, organisé par les offices de tourisme et les hôtels.

Pour commencer

balle, ballon	der Ball *dér bal*
cartes	Karten ***kar***teun'
échecs	Schach *charr*
excursion	der Ausflug *dér **â**ousfloug*
faire de la randonnée	wandern ***van***'deurn'
faire une partie de …	eine Partie … spielen *aïne partî … chp**î**leun'*
football	der Fußball *dér **fouss**bal*

SPORTS ET JEUX

SPORTS ET JEUX

jeu de société	das Gesellschaftsspiel *dass guézèlchaft-chpîl*
jouer à …	… spielen ***chp**îleun'*
jouer au football	Fußball spielen ***fouss**bal chpîleun'*
match	das Spiel *dass chpîl*
piscine	das Schwimmbad *dass **chvim**'bât*
sentier de randonnée	der Wanderweg *dér **van'**deurvég*
ski alpin	Abfahrtsski ***ap**fârtchî*
ski de fond	Langlaufski ***lan'g**lâouf-chî*
skier	Ski fahren/laufen ***ch**îfâreun'/lâoufeun'*
sport	der Sport *dér chport*
tennis	der Tennis *dér **ten**nis*
vélo	das Fahrrad *dass **fâ**rât*
VTC/VTT	das Mountainbike *dass **mâ**oun'teun' baïk*

S'exprimer

je voudrais en louer pour une heure
ich würde gern für eine Stunde mieten
*ish vurde guern fur aïne **chtoun**'de **mî**teun'*

est-ce qu'on peut prendre des cours de … ?
kann man … -unterricht nehmen?
*kan' man' …-oun'teur-risht **né**meun' ?*

combien ça coûte par heure et par personne ?
wie viel kostet das pro Stunde und Person?
*vifil **kos**teut dass pro **chtoun**'de oun't perzôn' ?*

je ne suis pas très sportif	**je n'en ai jamais fait**
ich bin nicht sehr sportlich	ich habe das noch nie gemacht
*ish bin' nisht zér **chpor**tlish*	*ish habe dass norr **nî** guémarrt*

j'en ai fait une ou deux fois, il y a longtemps
ich habe es ein, zwei Mal gemacht, aber das ist lange her
*ish habe ess **aïn'**, **tsvaï** mal guémarrt, âbeur dass ist lan'gue hér*

je n'en peux plus	**j'ai des courbatures**
ich kann nicht mehr	ich habe Muskelkater
*ish kan' nisht **mér***	*ish habe **mous**keulkâteur*

on s'arrête pour pique-niquer ?	**on a joué à/au …**
machen wir eine Vesperpause?	wir haben … gespielt
*marreun' vir aïne **vès**peurpâouze ?*	*vir habeun' … gué**chpîlt***

Comprendre

… -vermietung location de …

haben Sie Grundkenntnisse oder sind Sie blutiger Anfänger?
est-ce que vous avez des notions ou vous êtes complètement
  débutant ?

Sie müssen, …. anbezahlen
il faut verser un acompte de …

die Versicherung ist obligatorisch und kostet …
l'assurance coûte … et est obligatoire

Randonnée

S'exprimer

est-ce qu'il y a des sentiers de randonnée ?
gibt es Wanderwege?
*guipt ess **van**'deurvégue ?*

qu'est-ce que vous nous conseillez comme marche dans les environs ?
welche Wanderungen können Sie uns in der Umgebung empfehlen?
*vèlshe **van**'deroun'gueun' keuneun' zi oun's in' dér **oum**guéboun'g
  ém'**pfé**leun' ?*

on cherche une petite balade à faire dans le coin
wir möchten gern eine kleine Wanderung in der Gegend machen
*vir meushteun' guern aïne klaïne **van**'deroun'g in' dér **gué**gueun't marreun'*

est-ce qu'il faut avoir des chaussures de randonnée ?
sind Wanderschuhe nötig?
*zin't **van**'deurchouhe **neu**tish ?*

c'est une randonnée de combien d'heures ?
wie viele Stunden dauert diese Wanderung?
*vifile **chtoun**'deun' dâoueurt dîze **van**'deroun'g ?*

est-ce que ça monte beaucoup ?
ist der Höhenunterschied groß?
*ist dér **heu**heun'-oun'teurchîd grôss ?*

où est-ce que le sentier démarre ?
wo fängt der Wanderweg an?
*vô fèn'gt dér **van**'deurvég an' ?*

est-ce que le chemin est balisé ?
ist der Weg ausgezeichnet?
*ist dér vég **â**oussgué**tsaï**shneut ?*

est-ce que c'est un chemin circulaire ?
ist das ein Rundweg?
*ist dass aïn' **roun**'tvég ?*

Comprendre

Durchschnittsdauer   durée moyenne

es ist eine dreistündige Wanderung, Pausen inbegriffen
c'est une marche d'environ 3 heures en comptant les pauses

Sie brauchen ein Regencape und wasserdichte Wanderschuhe
prévoyez un K-Way® et des chaussures de marche étanches

Ski

S'exprimer

je voudrais louer des skis, des bâtons et des chaussures de ski
ich möchte Skier, Skistöcke und Skischuhe mieten
*ish meushte **chî**-eur, **chî**-chteuke oun't **chî**-chouhe **mî**teun*

elles sont trop petites
sie sind zu klein
zi zin't tsou klaïn'

un forfait pour une journée
ein Pauschalpreis für den ganzen Tag
*aïn **pâ**ouchalpraïss fur dén **gan**'tseun' tag*

j'ai déjà fait du ski
ich bin schon Ski gelaufen
*ish bin' **chôn'** chî guélâoufeun'*

Comprendre

Ankerlift	tire-fesses
Pauschalpreis	forfait
Sessellift	télésiège
Skilift	remontée mécanique

Autres sports

S'exprimer

où peut-on louer des vélos ?   **y a-t-il des pistes cyclables ?**
wo gibt es einen Fahrradverleih?   gibt es Fahrradwege?
*vô guipt ess aïneun' **fâ**râtfèrlaï ?   guipt ess **fâ**râtvégue ?*

est-ce que quelqu'un aurait un ballon de foot ?
hat zufällig jemand einen Fußball?
*hat **tsou**fèlish iéman't aïneun' **fouss**bal ?*

y a-t-il une piscine en plein air ?
gibt es ein Freibad?
*gupt ess aïneun' **fra**ïbât ?*

je n'ai jamais fait de plongée avant
ich bin noch nie getaucht
*ish bin' norr **nî** guétâourrt*

je voudrais prendre des cours de voile pour débutants
ich würde gerne einen Segelkurs für Anfänger machen
*ish vurde guern aîneun' **zé**gueulkours fur **an**'fèn'gueur marreun'*

je cours tous les matins une demi-heure
ich jogge jeden Morgen eine halbe Stunde
*ish djogue **ié**deun' **mor**gueun' aïne **halp** chtoun'de*

Comprendre

… -verleih, … -vermietung   location de …

es gibt einen städtischen Tennisplatz in der Nähe des Bahnhofs
il y a un terrain de tennis municipal pas loin de la gare

Rugby

Fußball

Basketball

Handball

Boxen

Tischtennis

Gymnastik

Tennis

Hockey

Golf

Inlineskating

Tauchen

Skifahren

Kampfsportarten

Fahrradfahren

Surfen

Yoga

Musik

Kino

Kartenspielen

Tanzen

Malen

Jogging

Fotografie

Gärtnern

Zeichnen

Chatten

Disco

Reisen

Schwimmen

Shoppen

Lesen

Kochen

Angeln

der Tennisplatz ist schon belegt
le court de tennis est déjà occupé

reiten Sie zum ersten Mal?
c'est la première fois que vous montez un cheval ?

können Sie schwimmen?
vous savez nager ?

spielst du Basketball?
est-ce que tu joues au basket ?

Jeux de société

S'exprimer

on se fait une partie de cartes ?
spielen wir eine Runde Karten?
*chpîleun' vir aïne **roun**'de **kar**teun' ?*

c'est à ton tour de jouer
du bist dran
*dou bist **dran**'*

tu veux prendre ta revanche ?
möchtest du eine Revanche?
*meushteusst dou aïne re**van**che ?*

on s'arrête où on joue la belle ?
hören wir auf oder machen wir ein Entscheidungsspiel?
*heureun' vir **aouf** ôdeur **marr**eun' vir aïn ent**chaï**doungspîl ?*

Comprendre

spielen Sie Schach?
vous savez jouer aux échecs ?

hast du ein Kartenspiel?
est-ce que tu as un jeu de cartes ?

COURSES ET SHOPPING

ⓘ En général, les magasins sont ouverts de 9h à 20h en semaine et de 9h à 16h le samedi (de 9h à 18h les quatre samedis précédant Noël).

En décembre, n'oubliez pas les traditionnels marchés de Noël, où l'on trouve des produits artisanaux et des idées de cadeaux : vous y boirez en plein air, pour vous réchauffer, le vin chaud à la cannelle (**Glühwein**) avec du pain d'épice ou des saucisses.

Le **Kaufhof** est un supermarché de très bonne qualité. À Berlin, visitez le fameux grand magasin **Ka De We** (**Kaufhaus des Westens** Magasin de l'Ouest).

Pour commencer

acheter	kaufen *kâoufeun'*
bon marché	billig *bilish*
boulangerie	die Bäckerei *di bèkeraï*
boutique	der Laden *dér lâdeun'*
cadeau	das Geschenk *dass guéchèn'k*
caisse	die Kasse *di kasse*
centre commercial	das Einkaufszentrum *dass aïnkâoufstsen'troum*
cher	teuer *toïeur*
coûter	kosten *kosteun'*
grand magasin	das Kaufhaus *dass Kâoufhâouss*
kilo	das Kilo *dass kilo*
légumes	das Gemüse *dass guémûze*
magasin	das Geschäft *dass guéchèft*
marché	der Markt *dér markt*
pain	das Brot *dass brôt*
payer	bezahlen *bétsâleun'*
prix	der Preis *dér praïss*
rembourser	zurückerstatten *tsouruk-érchtateun'*
soldes	der Ausverkauf *dér âoussfèrkâouf*
souvenir *(objet)*	das Andenken *dass an'dèn'keun'*

supermarché	der Supermarkt *dér **zou**peurmarkt*
tabac *(lieu de vente)*	das Tabakgeschäft *dass **ta**bakguéchèft*
ticket de caisse	der Kassenbon *dér **ka**sseun'bon*
vendeur	der Verkäufer *dér fèr**koï**feur*
vendre	verkaufen *fèr**kâo**ufeun'*
vêtements	die Kleider *di **klaï**deur*

S'exprimer

est-ce qu'il y a un supermarché dans le quartier ?
gibt es einen Supermarkt im Viertel?
*guipt ess aïneun' **zou**peurmarkt im' **fîr**teul ?*

où est-ce que je peux acheter des cigarettes ?
wo kann ich Zigaretten kaufen?
*vô kan' ish tsiga**ret**teun' kâoufeun' ?*

je voudrais …	**je cherche …**
ich möchte …	ich suche …
*ish **meu**shte …*	*ish **zou**rre …*

est-ce que vous avez … ?	**combien coûte ce … ?**
haben Sie … ?	wie viel kostet dieser/diese/dieses …?
***ha**beun' zi … ?*	***vi**fil kosteut' dîzeur/dîze/dîzeuss … ?*

est-ce que vous savez où je peux en trouver (ailleurs) ?
wissen Sie, wo ich so etwas (anderswo) finden kann?
***vis**seun' zi vô ish zo etvass (**an**'deursvô) **fin**'deun' kan' ?*

est-ce que vous pouvez me le commander ?
können Sie es mir bestellen?
***keu**neun' zi ess mir bé**chte**lleun'?*

c'est bon, je le prends	**ça sera tout, merci**
gut, das nehme ich	das wäre alles, vielen Dank
***gout**, dass **né**me ish*	***dass** vère **al**leuss, **fi**-leun dan'k*

vous ne pouvez pas me faire un petit rabais ?
können Sie mir einen Preisnachlass gewähren?
***keu**neun' zi mir aïneun' **praïs**snarrlass guévèreun' ?*

je n'ai pas beaucoup d'argent	**je n'ai pas assez d'argent**
ich habe nicht viel Geld	ich habe nicht genug Geld
*ish habe **nisht** fîl **guelt***	*ish habe **nisht** guénouk **guelt***

est-ce que je peux avoir un sac plastique ?
kann ich eine Plastiktüte haben ?
*kan' ish aïne pla*stiktute *habeun' ?*

vous avez fait une erreur en me rendant la monnaie
Sie haben mir falsch herausgegeben
*zi habeun' mir **falch** hér**âouss***guéguébeun'

Comprendre

Ausverkauf	soldes
geöffnet von … bis …	ouvert de … à …
Sonderangebot	promotion

sonntags/von 13 Uhr bis 15 Uhr geschlossen
  fermé le dimanche/de 13h à 15h

was darf es noch sein?	**möchten Sie eine Tüte?**
et avec ceci ?	est-ce que vous voulez un sac ?

Payer

S'exprimer

où est-ce qu'on paye ?   **combien je vous dois ?**
wo ist die Kasse?   wie viel schulde ich Ihnen?
*vô ist di **kas**se ?*   *vi**fîl chould**e ish îneun' ?*

pourriez-vous me l'écrire, s'il vous plaît ?
können Sie es mir bitte aufschreiben?
*keu*neun' zi ess mir bitte **âouf**chraïbeun' ?*

est-ce que je peux payer par Carte Bleue® ?
kann ich mit der Bankkarte bezahlen?
*kan' ish mit dér **ban'k**-karte bétsâleun' ?*

est-ce que vous acceptez les cartes de crédit ?
nehmen Sie Kreditkarten?
*né*meun' zi kré**dit**karten' ?*

je vais payer en liquide   **je peux avoir un reçu ?**
ich bezahle bar   kann ich eine Quittung haben?
*ish bétsâle **bâr***   *kan' ish aïne **kvi**toun'g habeun' ?*

désolé, je n'ai pas de monnaie
es tut mir Leid, ich habe kein Kleingeld
*ess tout mir **laït**, ish habe kaïn' **klaïn**'guelt*

est-ce que vous pouvez me faire de la monnaie ?
können Sie mir das in Kleingeld wechseln?
***keu**neun' zi mir dass in' **klaïn**'guelt **vèkseuln**' ?*

Comprendre

an der Kasse bezahlen
payez à la caisse

wie bezahlen Sie?
vous réglez comment ?

haben Sie gar kein Kleingeld?
vous n'avez pas du tout de monnaie ?

haben Sie ein Ausweispapier?
vous avez une pièce d'identité ?

so, hier bitte unterschreiben
je vais vous demander de signer là

Alimentation

S'exprimer

où est-ce qu'on peut acheter à manger à cette heure-ci ?
wo kann man um diese Zeit etwas zu essen kaufen?
***vô** kan' man' oum dize tsaït etvass tsou **ess**eun' kâoufeun' ?*

y a-t-il un marché ?
gibt es einen Markt?
***guipt** ess aïneun' **markt** ?*

y a-t-il une boulangerie dans le coin ?
gibt es hier in der Gegend eine Bäckerei?
***guipt** ess hîr in' dér guégueun't aïne bèke**raï** ?*

je cherche le rayon des conserves
ich suche die Konservenabteilung
*ish **zou**rre di kon'**ser**veun'aptaïloun'g*

je voudrais 5 tranches de jambon
fünf Scheiben Schinken, bitte
***fun'f** chaïbeun' **chin**'keun', bitte*

je vais prendre un petit morceau de ce fromage de brebis
ich nehme ein kleines Stück von diesem Schafskäse
*ish néme aïn' **klaï**neuss chtuk von' dizeum **schâfs**kèze*

non, pas celui-ci, celui-là, plus à droite, oui c'est ça
nein nicht der, der dort, weiter rechts, ja genau
*naïn', nisht **dér**, **dér** dort, vaïteur **reshts**, ia guén**âou***

c'est pour 4 personnes
es soll für vier Personen sein
*ess zol fur **fîr** perz**ô**neun' zaïn'*

environ 300 grammes
etwa dreihundert Gramm
*etva **draï**houn'deurt **gram***

un kilo de pommes de terre, s'il vous plaît
ein Kilo Kartoffeln, bitte
*aïn' kilo kar**tof**euln', bitte*

un peu plus
etwas mehr
*etvass **mér***

un peu moins
etwas weniger
*etvass **vé**nigueur*

c'est possible de goûter ?
könnte ich probieren?
***keu**n'te ish pró**bî**reun'*

ça se conserve bien ?
hält sich das gut?
***hèlt** zish dass **gout** ?*

on peut voyager avec ?
eignet es sich für unterwegs?
aïg**neut ess zish fur oun'teur**végs

Comprendre

Feinkostgeschäft   traiteur
Milchprodukte   produits laitiers
mindestens haltbar bis ...   à consommer avant le …
Spezialitäten der Region   spécialités de la région
Wurstwaren   charcutier

Markt täglich bis 13 Uhr
marché tous les jours jusqu'à 13h

an der Straßnecke gibt es ein Lebensmittelgeschäft, das noch spät geöffnet hat
il y a un épicier juste au coin de la rue qui reste ouvert tard le soir

Habillement

S'exprimer

je cherche le rayon hommes
ich suche die Herrenabteilung
*ish **zou**rre di **hè**renaptaïloun'g*

je peux l'essayer ?
kann ich das anprobieren?
***kan**' ish dass **an**'prôbîreun ?'*

non, merci, je regarde seulement
nein danke, ich sehe mich nur um
*naïn' **dan**'ke, ish sého mish nour **oum***

je voudrais essayer celui-là qui est en vitrine
ich möchte das da anprobieren, im Schaufenster
*ish meushte **dass** da **an**'prôbîreun', im' **châou**fèn'steur*

je chausse du 39
ich habe Schuhgröße neununddreißig
*ish habe **chou**greusse **noïn**'-oun't-draïssish*

c'est trop large
es ist zu weit
*ess ist tsou **vaït***

où sont les cabines d'essayage ?
wo sind die Umkleidekabinen?
***vô** zin't di **oum**klaïdekabîneun' ?*

vous ne l'avez pas dans une autre couleur ?
haben Sie es nicht in einer anderen Farbe?
***ha**beun' zi ess **nisht** in' aïneur an'dereun' **far**be ?*

est-ce que vous l'avez dans une plus petite/grande taille ?
haben Sie es in einer kleineren/größeren Größe?
***ha**beun' zi ess in' aïneur **klaï**nereun'/**greu**ssereun' greusse ?*

est-ce que vous les avez en rouge ?
haben Sie sie in rot?
***ha**beun' zi zi in' **rôt** ?*

oui, ça va, je les prends
ja, das passt, das nehme ich
*ia, dass **passt**, dass **né**me ish*

non, je n'aime pas
nein, das gefällt mir nicht
***naïn**', dass gué**fèlt** mir nisht*

je vais réfléchir
ich werde es mir überlegen
*ish **vèr**de ess mir ubeurl**é**gueun'*

Comprendre

Ausnahmsweise sonntags geöffnet	ouverture exceptionnelle le dimache
Damenbekleidung	vêtements pour femmes
donnerstags abends geöffnet	nocturne les jeudis
Herrenbekleidung	vêtements pour hommes
Kinderkleidung	vêtements pour enfants
Umkleidekabinen	cabines d'essayage

reduzierte Artikel sind vom Umtausch ausgeschlossen
les articles en soldes ne peuvent pas être échangés

guten Tag, kann ich Ihnen helfen?
bonjour, je peux vous aider ?

wir haben es nur noch in blau oder schwarz
il ne nous en reste que en bleu ou en noir

in dieser Größe haben wir leider nichts mehr
il ne nous en reste plus dans cette taille

das steht Ihnen gut	**na, wie gefällt es Ihnen?**
ça vous va bien	alors ? qu'est-ce que vous en pensez ?

Souvenirs et cadeaux

S'exprimer

je cherche un cadeau à ramener
ich möchte jemandem ein Geschenk mitbringen
*ish **meu**shte iéman'deum aïn' gué**chèn'k** mitbrin'gueun'*

je voudrais quelque chose de facile à transporter
ich möchte etwas, das man leicht transportieren kann
*ish **meu**shte etvass, dass man' **laïsht** tran'sport**î**reun' kan'*

c'est pour une petite fille de 4 ans
es soll für ein vierjähriges Mädchen sein
*ess zol fur aïn' **fîr**-ièrigueuss **mèd**sheun' zaïn'*

est-ce que vous pouvez me faire un paquet-cadeau ?
können Sie es mir als Geschenk einpacken?
keuneun' zi ess mir als gué aïn'pakeun ?'

Comprendre

aus Holz/Silber/Gold/Wolle/Baumwolle	en bois/argent/or/laine/coton
handgemacht	fait main
hergestellt nach alter Tradition	produit artisanal

das kommt darauf an, wie viel wollen Sie denn ausgeben?
ça dépend, combien vous êtes prêt à dépenser ?

soll es ein Geschenk sein?
c'est pour offrir ?

Quelques expressions familières

das ist unverschämt/unerschwinglich! c'est de l'arnaque !

ich bin pleite je n'ai pas un rond

das kostet ein Vermögen ça coûte les yeux de la tête

das ist geschenkt c'est donné

Totalausverkauf soldes monstres

orange
weiß
braun
grün
blau
rosa
rot
grau
violett
schwarz
hellblau
gelb

Unterhose

Slip

BH

Boxershorts

Mantel

Zehensandalen

Bikini

Reißverschluss

Anzug

Jacke

Hemd und Krawatte

T-Shirt

Sweatshirt

Pullover und Schal

Hose

Jeans

Rock

T-Shirt

Socken

Stiefel

Strümpfe

Lederschuhe

Schuhe mit hohen Absätzen

Knöpfe

Hut

Wollmütze

Kappe

Handschuhe

Gürtel

Geldbeutel

Gürteltasche

Umhängetasche

Sonnenbrille

Schirm

Brieftasche

Handtasche

Bademantel

Rucksack

Schal

Koffer

Uhr

Handtücher

Parfüm

Haarklemme

Haarbänder

Armreifen

Armkette

Halskette

Ohrringe

Ringe

Pour commencer

appareil jetable	der Einwegfotoapparat *dér **aïn**'vég-fotô-apar**ât***
appareil numérique	die Digitalkamera *di digui**tal**kaméra*
appareil photo	der Fotoapparat *dér fotô-apar**ât***
brillant	hochglanz ***hôrr**glan'ts*
couleur	Farb- *farb*
diapositive	das Dia(positiv) *dass dia(positif)*
exemplaire	der Abzug *dér **ap**tsouk*
faire développer des photos	Fotos entwickeln lassen *fotos èn'**tvi**keuln' lasseun*
mat	matt *mat*
noir et blanc	schwarz-weiß ***chvarts**-vaïss*
pellicule	der Film *dér film*
pose	das Bild *dass bilt*
prendre une photo/ des photos	ein Foto/Fotos machen *aïn' **fo**to/**fo**tos marreun'*

S'exprimer

est-ce que vous pourriez nous prendre en photo ?
könnten Sie ein Foto von uns machen ?
***keun**'teun' zi aïn' foto fon' oun's **marr**eun' ?*

il suffit d'appuyer sur ce bouton
einfach auf den Knopf drücken
*aïn'farr âouf dén' **knopf** drukeun'*

je voudrais une pellicule couleur 200 ASA
ich möchte einen Farbfilm mit zweihundert ASA
*ish meushte aïn'eun' **farb**film mit tsvaï**houn**'deurt aza*

est-ce que vous avez des pellicules noir et blanc ?
haben Sie Schwarzweißfilme?
*habeun' zi **chvarts**vaïssfilme ?*

ça coûte combien pour développer une pellicule de 36 poses ?
wie viel kostet das Entwickeln eines Sechsunddreißig-Bilder-Films?
*vifîl **kost**eut dass èn**tvi**keuln aïneus zeksoun**draï**ssish-bildeur-films ?*

je voudrais faire développer cette pellicule
ich möchte diesen Film entwickeln lassen
ish meushte dîzeun' film èntvikeuln lasseun'

je viens chercher mes photos
ich komme, um meine Fotos abzuholen
ish komme oum maïne fotos aptsouhôleun'

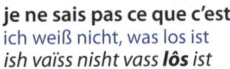

j'ai un problème avec mon appareil photo
ich habe ein Problem mit meinem Fotoapparat
ish habe aïn' prôblém mit maïneum foto-aparât

je ne sais pas ce que c'est
ich weiß nicht, was los ist
ish vaïss nisht vass lôs ist

le flash ne marche pas
der Blitz funktioniert nicht
dér blits foun'ktsionîrt nisht

je n'ai pas pris beaucoup de photos
ich habe noch nicht viele Fotos gemacht
ish habe norr nisht fîle fotôs gueumarrt

Comprendre

Bilder in einer Stunde   développement en une heure
Schnellentwicklung   service express
Standardformat   format standard

vielleicht ist die Batterie leer?
c'est peut-être la pile qui est morte

auf welchen Namen?
c'est à quel nom ?

bis wann möchten Sie sie haben?
vous les voulez pour quand ?

wir bieten eine Schnellentwicklung in einer Stunde an
on peut vous les développer en une heure

Sie können Ihre Fotos ab Donnerstag mittag abholen
vos photos seront prêtes à partir de jeudi midi

> ⓘ Les banques sont ouvertes du lundi au vendredi, en général de 8h30 à 16h ou 17h. Les distributeurs sont souvent indiqués par une insigne **EC**. Attention : certains magasins refusent les paiements par carte, que ce soit par Carte Bleue® ou carte de crédit (du type Mastercard®, American Express®).

Pour commencer

banque	die Bank *di ban'k*
billet (de banque)	der Geldschein *dér **guelt**chaïn'*
Carte Bleue®	die Bankkarte *die **ban'k**-karte*
carte de crédit	die Kreditkarte *die kré**dit**'karte*
chèque	der Scheck *dér chèk*
code confidentiel	die PIN-Nummer *di **pin**'noumeur*, die Geheimzahl *di gué**haïm**'tsâl*
commission	die Komission *di kômissi**ôn**'*
compte (bancaire)	das Konto *dass **kon**'to*
distributeur (automatique)	der Geldautomat *dér **guelt**âoutomât*
guichet	der Schalter *dér **châl**teur*
pièce (de monnaie)	die Münze *di **mun**'tse*
retirer de l'argent	Geld abheben *guelt aphébeun'*
retrait	das Abheben *dass **ap**-hébeun'*
traveller's cheque	der Travellerscheck *dér **tra**vleurchèk*
virement	die Überweisung *di ubeur**vaï**zoun'g*

S'exprimer

je cherche un distributeur automatique
ich suche einen Geldautomaten
*ish **zou**rre aïneun' **guelt**âoutomâten*

je voudrais faire un virement
ich möchte Geld überweisen
*ish meushte **guelt** ubeur**vaï**zeun'*

ça va prendre combien de temps ?
wie lange dauert das ?
*vi lan'gue **dâou**eurt dass ?*

j'attends un mandat
ich erwarte eine Baranweisung
ish érvarte aïne bar-an'vaïzoun'g

je voudrais signaler la perte de mes cartes de crédit
ich möchte den Verlust meiner Kreditkarte melden
ish meushte dén' fèrloust maïneur kréditkarte mèldeun'

le distributeur de billets a avalé ma carte
der Geldautomat hat meine Kreditkarte einbehalten
dér gueltâoutomât hat maïne kréditkarte aïnbéhalteun'

Comprendre

geben Sie Ihre Karte ein
insérez votre carte

geben Sie Ihren Geheimcode ein
tapez votre code confidentiel

wählen Sie einen Betrag
choisissez votre montant

mit Quittung
retrait avec reçu

(zeitweilig) außer Betrieb
appareil (momentanément) hors service

LA POSTE

Pour commencer

carte postale	die Postkarte *di **post**karte*
code postal	die Postleitzahl *di **post**laïttsâl*
colis	das Päckchen *dass **pèk**sheun'*
courrier	die Post *di post*
écrire	schreiben ***chra**ïbeun'*
enveloppe	der Briefumschlag *dér brîf-**oum**chlag*
envoyer	(ab)schicken *(**ap**)chikeun'*
lettre	der Brief *dér brîf*
par avion	per Luftpost *per **louft**post*
poste	die Post *di post*
recevoir	bekommen *beu**kom**eun'*
timbre	die Briefmarke *di **brîf**mârke*

S'exprimer

où est-ce que je peux trouver un bureau de poste ?
wo finde ich ein Postamt?
*vô fin'de ish aïn' **post**-amt ?*

y a-t-il une boîte aux lettres par ici ?
gibt es hier irgendwo einen Briefkasten?
*guipt ess hîr irgueun'tvô aïneun' **brîf**kasteun' ?*

est-ce que la poste est ouverte le samedi ?
ist die Post samstags geöffnet?
*ist di post **zam**'stags gé-**euf**neut ?*

à quelle heure ferme la poste ?
um wie viel Uhr schließt die Post?
*oum vifil **our** chlîsst di post ?*

je voudrais 5 timbres pour la France
fünf Briefmarken für Frankreich, bitte
*fun'f **brîf**mârkeun' fur **fran**'kraïsh, bite*

combien coûte un timbre pour la Suisse ?
wie viel kostet eine Briefmarke für die Schweiz?
*vifil **kos**teut aïne **brîf**mârke fur di **chvaïts** ?*

je voudrais envoyer ce colis à Lyon par avion
ich möchte dieses Päckchen per Luftpost nach Lyon schicken
*ish meushte dîzeus **pèk**sheun' per **louft**post narr **Lyon** chikeun'*

combien de temps ça met pour arriver ?
wie lange dauert das etwa?
*vi **lan**'gue dâoueurt dass **e**tva ?*

où est-ce que je peux acheter des enveloppes ?
wo kann ich Briefumschläge kaufen?
*vô kan' ish brîf-**oum**chlègue kâoufeun' ?*

y a-t-il du courrier pour moi ?
ist Post für mich da?
*ist post fur mish **da** ?*

Comprendre

Absender	expéditeur
Empfänger	destinataire
erste Leerung	première levée
letzte Leerung	dernière levée
zerbrechlich	fragile

das dauert zwei bis fünf Tage
ça met entre 2 et 5 jours

ℹ️ Vous trouverez des cafés Internet plutôt dans les grandes villes, où les tarifs sont de 2,5 à 3,5 euros pour 30 minutes. Si vous voyagez avec votre ordinateur portable, pensez à emporter un adaptateur pour les prises téléphoniques. Sinon, vous en trouverez dans les magasins spécialisés. Attention si vous utilisez un ordinateur allemand : les touches du clavier sont disposées différemment.

Pour commencer

adresse e-mail	E-Mail-Adresse *i*meïl *a*dre*sse*
arobase	at *è*t
café Internet	das Internetcafé *dass* **in**'ternetca**fé**
clavier	die Tastatur *di* t*a*sta**tour**
coller	einfügen **aïn**fugueun
copier	kopieren *ko*p**î**reun'
couper	ausschneiden **â**ousschaïdeun'
effacer	löschen **leu**cheun'
e-mail	die E-Mail *di* *i*meïl
envoyer un e-mail	eine E-Mail schicken *a*ïne *i*meïl chikeun'
mot de passe	das (Benutzer-)Kennwort *dass* (bé**nou**tseur)ken'vort
recevoir	empfangen *em*'pfan'gueun'
sauvegarder	speichern *ch*païcheurn
télécharger	herunterladen *hé***roun**'teurlâdeun'
touche	die Taste *di* t**as**te

S'exprimer

y a-t-il un café Internet ici ?
gibt es hier ein Internetcafé?
guipt ess **hîr** *a*ïn' **in**'ternetcafé ?

je dois aller au café Internet pour vérifier mon mail
ich muss im Internetcafé meine Mailbox abrufen
ish mouss im' **in**'ternetca**fé** *ma*ïne meïlbox **ap**roufeun'

Als Freund hinzufügen 🖑

INTERNET

est-ce que vous avez une adresse e-mail ?
haben Sie eine E-Mail-Adresse?
*habeun' zi aïne imaïl a**dre**sse ?*

je voudrais m'ouvrir une adresse e-mail
ich würde gern eine E-Mail-Adresse anmelden
*ish vurde guern aïne imeïl a**dre**sse **an**'meldeun'*

je voudrais un ticket pour …   **ça ne marche pas**
ich möchte ein Ticket für ...   das funktioniert nicht
*ish meushte aïn' **t**iket fur…*   *dass foun'ktsiônirt **nish**t*

comment est-ce que je me connecte ?
wie stelle ich eine Verbindung her?
vi chetelle ish aïne ferbin'doun'g hér ?

est-ce que vous pouvez m'aider, je ne sais pas comment ça marche
können Sie mir helfen, ich weiß nicht, wie das funktioniert
keu**neun' zi mir **hel**feun', ish vaïss **nish**t vi dass foun'ktsiô**nirt

il y a un problème, c'est bloqué
es gibt ein Problem, der Computer ist blockiert
*ess guipt aïn' pro**blém**, dér com'**piou**teur ist blo**kîrt***

est-ce qu'on peut téléphoner par Internet ici ?
kann man hier via Internet telefonieren?
*kan' man' hîr via **in**'ternet téléfo**nî**reun' ?*

Comprendre

Postausgang   boîte d'envoi
Posteingang   boîte de réception

Sie müssen etwa zwanzig Minuten warten
il y a environ 20 minutes d'attente

soll ich Sie auf die Liste setzen?
je peux vous inscrire sur la liste

Haftnotizen

Büroklammern

Lineale

Bildschirm

Lampe

Kugelschreiber

Maus　Tastatur

Radiergummis

Notizblock

Bleistifte

Taschenrechner

Zirkel　Hefter

Leuchtstifte

Schere

Buch

Lesezeichen

Kalender

Klebeband

Klebestift

Uhr

Ordner

Handy

Zeitungen

Brille

TÉLÉPHONE

ℹ️ Les cabines à pièces sont rares. Vous trouverez des cartes téléphoniques à 6 ou 25 euros dans les bureaux de poste et les kiosques (mais pas dans les bureaux de tabac). Une solution pratique est l'utilisation d'une carte téléphonique prépayée (service proposé par les principaux opérateurs : France Télécom, Bouygues etc.), qui vous permet de téléphoner de n'importe quel poste, public ou privé.

Lorsqu'on donne un numéro de téléphone, on énonce chaque chiffre séparément. 0 se dit **null** et 2 peut se dire **zwei** ou **zwo**. Par exemple, 06151-772081 se lira **null**, **sechs**, **eins**, **fünf**, **eins**, **sieben**, **sieben**, **zwei** (ou **zwo**), **null**, **acht**, **eins**. Lorsqu'on donne ou reçoit un appel, on commence toujours par dire son nom. En raccrochant, on ne dit pas **auf Wiedersehen** mais plutôt **auf Wiederhören** (**sehen**=voir, **hören**=entendre).

Lorsque vous appelez de l'Allemagne vers la France, composez le 00 + 33 + numéro à neuf chiffres (sans le 0 initial). Lorsque vous appelez de la France vers l'Allemagne, composez le 00 (tonalité) + 49 + indicatif de la ville + numéro. Lorsque vous appelez d'une localité allemande à une autre, composez le 0 + indicatif de la localité + numéro.

Pour commencer

allô	Hallo *Hâ-lo*
annuaire	das Telefonbuch *dass téléfôn'bourr*
appel (international/	das (Auslands-/Fern-/Orts-) Gespräch
national/local)	*dass âousslan'dz/fern/**ort**sguéchprèsh*
appeler quelqu'un	jemanden anrufen *ié**man**'deun'*
(au téléphone)	***an**'roufeun'*
cabine téléphonique	die Telefonzelle *di téléfôn'tsèle*
carte de téléphone	die Telefonkarte *di téléfôn'karte*
message	die Nachricht *di **narr**-risht*
numéro de téléphone	die Telefonnummer *di téléfôn' noumeur*
Pages jaunes®	die Gelben Seiten *di guèlbeun' zaïteun'*
portable	das Handy *dass **Hèn**'di*

renseignements   die Auskunft *di **â**ousskoun'ft*
répondeur   der Anrufbeantworter *dér **an**'roufbé**an**'tvorteur*

téléphone   das Telefon *dass téléfôn*
téléphoner   telefonieren *téléfo**nî**reun'*

S'exprimer

où est-ce que je peux acheter une carte de téléphone ?
wo kann ich eine Telefonkarte kaufen?
*vô kan' ish aïne télé**fôn**'karte **kâ**oufeun' ?*

une carte de téléphone de .... euros, s'il vous plaît
eine Telefonkarte zu … Euro, bitte
*aïne télé**fôn**'karte tsou … **oï**ro, bite*

est-ce que vous savez s'il y a une cabine téléphonique près d'ici ?
kennen Sie eine Telefonzelle hier in der Nähe?
*kèneun' zi aïne télé**fôn**'tsèle hîr in' dér **nè**he ?*

pourriez-vous me faire la monnaie de …, c'est pour téléphoner ?
können Sie mir für … Kleingeld geben, ich muss telefonieren ?
***keu**neun' zi mir fur … **klaïn**'guelt guébeun', ish mouss télé**fonî**reun'*

je voudrais appeler en PCV
ich hätte gern ein R-Gespräch
*ish hète guern aïn **èr**-guéchprèsh*

est-ce que vous pouvez répéter plus lentement ?
können Sie das noch einmal langsam wiederholen?
*keuneun' zi dass norr **aïn**mal **lan**'gzam vîdeur**hô**leun' ?*

est-ce que vous pouvez parler plus fort ?
können Sie lauter sprechen?
***keu**neun' zi **lâ**outer **chpré**sheun' ?*

est-ce que vous parlez français ?
sprechen Sie französisch?
***chpré**sheun' zi fran't**seu**zish ?*

est-ce qu'il y a une prise pour que je recharge mon portable ?
gibt es hier eine Steckdose, damit ich mein Handy aufladen kann?
*guipt ess hîr aïne **chtèk**dôze, damit ish maïn **hèn**di **â**ouflâdeun' kann' ?*

tu as un numéro de portable ?
hast du eine Handynummer?
*hast dou aïne **hèn**dinoumeur ?*

où est-ce que je peux vous joindre pendant la journée ?
wo kann ich Sie tagsüber erreichen?
*vô kan' ish zi **tags**ûbeur ér-**raï**sheun' ?*

tu as eu mon message ?
hast du meine Nachricht bekommen?
*hast dou maïne **narr**-risht bé**ko**meun' ?*

Comprendre

kein Anschluss unter dieser Nummer
le numéro que vous avez demandé n'est pas attribué

Formules usuelles

S'exprimer

allô, qui est à l'appareil ?
hallo, wer spricht da, bitte?
***ha**llo, vér chprisht **da**, bite ?*

c'est de la part de qui ?
wie ist Ihr Name?
*vi ist ir **nâ**me ?*

allô, c'est Pierre, est-ce que je suis bien chez … ?
hallo, ich bin Pierre, spreche ich mit …?
***ha**llo, ish **bin** pierre, **chprè**che ish mit … ?*

allô, David ?
David, bist du's?
*David, bist **dous** ?*

allô, bonjour, je voudrais parler à M. …, de la part de …
guten Tag, ich würde gern mit Herrn … sprechen; mein Name ist …
***gou**teun' tag, ish vurde guern mit hèrn … **chpré**sheun'; maïn **nâ**me ist …

vous vous êtes trompé de numéro
Sie haben sich verwählt
*zi habeun' zish vèr**vèlt***

TÉLÉPHONE

un instant, s'il vous plaît
einen Augenblick, bitte
*aïneun' **â**ougueun'blik, bite*

ne quittez pas
bleiben Sie dran
*blaïbeun' zi **dran**'*

je vous le passe
ich gebe ihn Ihnen
*ish gu**é**be in' **î**neun'*

il est sorti
er ist im Moment nicht da
*er ist im' mo**mèn't** nisht da*

il sera de retour dans une demi-heure
er ist in einer halben Stunde zurück
*er ist in' aïneur **hal**beun' chtoun'de tsou**ruk***

pouvez-vous lui dire que j'ai appelé ?
können Sie ihm sagen, dass ich angerufen habe?
***keu**neun' zi im' **za**gueun', dass ish **an**'gué**rou**feun' habe ?*

vous avez de quoi écrire ?
haben Sie etwas zu schreiben?
***ha**beun' zi etvass tsou **chraï**beun' ?*

mon nom est … et mon numéro le …
mein Name ist …, ich bin unter der Nummer … erreichbar
*maïn nâme ist …, ish bin' oun'teur dér **nou**meur … ér-**raïsh**bar*

est-ce que vous pouvez lui demander de me rappeler ?
können Sie ihm sagen, er möge mich zurückrufen?
*keuneun' zi im' **za**gueun', ér meugue mish tsou**ruk**roufeun' ?*

est-ce que vous savez quand je peux le joindre ?
wissen Sie, wann ich ihn erreichen kann?
*visseun' zi van' ish in' ér-**raïsh**eun' kan' ?*

il peut me joindre au …
ich bin erreichbar unter der Nummer …
*ish bin' ér-**raïsh**bar oun'teur dér **nou**meur …*

je vous remercie, au revoir
vielen Dank, auf Wiederhören
***fî**leun' dan'k, **â**oufvideurheureun'*

je rappellerai (plus tard)
ich rufe (später) noch einmal an
*is roufe (**chpè**teur) norr **aïn**mal an'*

on s'appelle bientôt ?
telefonieren wir bald?
*téléfo**nî**reun' vir **balt** ?*

on se rappelle, ok ?
wir telefonieren, ja?
*vir téléfo**nî**reun', o**ké** ?*

Comprendre

einen Augenblick, ich gebe ihn Ihnen
un instant, je vous le passe

er ist nicht da, soll ich ihm etwas ausrichten?
il n'est pas là, est-ce que vous voulez laisser un message ?

ich richte ihm aus, dass Sie angerufen haben
je lui dirai que vous avez appelé

sprechen Sie nach dem Pfeifton
veuillez laisser un message après le bip

Problèmes

S'exprimer

je ne connais pas l'indicatif
ich weiß die Vorwahl nicht
*ish vaïss di **fôr**vâl nisht*

ça sonne occupé
es ist besetzt
*ess ist bé**zètst***

ça ne répond pas
es nimmt keiner ab
*ess nim't **ka**ïneur ap*

je n'ai pas réussi à le joindre
ich habe ihn nicht erreicht
*ish habe in' nisht ér-**raïsht***

il ne me reste plus beaucoup d'unités sur ma carte
ich habe nicht mehr viele Einheiten auf meiner Telefonkarte
*ish habe nisht mér file **aïn**'haïteun' âouf maïneur télé**fôn**'karte*

attends, ça va couper, il faut que je rajoute de la monnaie
warte mal, das Gespräch bricht gleich ab; ich muss Geld nachwerfen
*varte mal, dass gué**chprèsh** brisht glaïsh **ap** ; ish mouss guelt narrvèrfeun'*

il y a une très mauvaise réception
der Empfang ist sehr schlecht
*dér **ém**'pfan 'g ist **zér** chlèsht*

il n'y a pas de réception ici
ich habe hier keinen Empfang
*ish habe hîr **kaï**neun' **ém**'pfan'g*

vous savez où je peux trouver une recharge pour mon téléphone portable ?
wissen Sie, wo ich eine Prepaid-Karte für mein Handy finde?
***vis**seun' zi vô ish aïne pripéïd karte fur maïn **hèn**di fin'de ?*

est-ce que je peux brancher mon portable ici pour le recharger ?
kann ich mein Handy hier zum Aufladen anschließen?
***kan**' ish maïn' **hèn**di hîr tsoum **â**ouflâdeun' **an**'chlîsseun' ?*

Comprendre

ich verstehe Sie sehr schlecht
je vous entends très mal

Sie müssen sich verwählt haben
vous avez dû vous tromper de numéro

das Gespräch wurde unterbrochen
on a été coupés

SANTÉ

❶ Si vous êtes ressortissant de l'Union européenne, procurez-vous avant de partir le formulaire européen E111 auprès de votre centre de Sécurité sociale. Ce formulaire vous permettra d'être remboursé, à votre retour en France et sur présentation d'un reçu, pour des soins délivrés par le service public de santé allemand pendant votre séjour en Allemagne. Le remboursement dépend des conditions de votre contrat d'assurance en France.

Les pharmacies (**Apotheke**) ouvrent comme les autres commerces ; les adresses et horaires des pharmacies de garde les plus proches sont indiqués sur la vitrine. La pharmacie est le seul lieu où l'on peut trouver des médicaments, même sans ordonnance.

Vous trouverez des adresses de médecins sur votre lieu d'hébergement ou sur l'annuaire à la rubrique **Ärzte** (médecins). Les médecins consultent en général de 10h à 12h et de 16h à 18h, sauf le mercredi et le week-end. En cas d'urgence ou d'accident, appelez le 112.

Pour commencer

alcool à 90°	neunzigprozentiger Alkohol *noïn'tsish-protsèn'tiguer alkôhôl*
allergie	die Allergie *di aller**gui***
ambulance	der Krankenwagen *dér **kran**'keun'vagueun'*
aspirine	Aspirin *aspi**rin***
bouton	der Pickel *dér **pi**keul*
cassé	gebrochen *gué**bror**reun'*
comprimé	die Tablette *di ta**blet**te*
dentiste	der Zahnarzt *dér **tsân**'artst*
désinfecter	desinfizieren *dézin'**fits**îreun'*
fièvre	das Fieber *dass **fî**beur*
généraliste	der Allgemeinarzt *dér algué**maïn**-artst*
gynécologue	der Frauenarzt *dér **frâ**oueun'artst*
hôpital	das Krankenhaus *dass **kran**'keun'hâouss*

intoxication alimentaire	die Lebensmittelvergiftung *di lébeun's-mitteulfèrguiftoun'g*
médecin	der Arzt *dér artst*
médicament	das Medikament *dass médikamén't*
pansement	das Pflaster *dér pflasteur*
pharmacie	die Apotheke *di apôtéke*
pommade	die Salbe *di zâlbe*
radio *(rayons X)*	Röntgen *reun'tgueun'*
règles (avoir ses)	seine Tage haben *zaïne tague habeun'*
sang	das Blut *dass blout*
urgences	die Notfallaufnahme *di nôtfal-âoufnâme*
vaccin	die Impfung *di im'pfoun'g*
vomir	erbrechen *érbrèsheun'*

S'exprimer

est-ce que quelqu'un aurait une aspirine par hasard ?
hat zufällig jemand ein Aspirin?
hat tsoufèllish iéman't aïn aspirin ?

j'ai besoin d'aller voir un docteur
ich muss zum Arzt gehen
is mouss tsoum artst guéeun'

où est-ce que je peux trouver un médecin à cette heure-là ?
wo kann ich um diese Zeit einen Arzt finden?
vô kan' ish oum dize tsaït aïneun' artst fin'deun ?

je voudrais prendre un rendez-vous pour aujourd'hui
ich hätte gern einen Termin für heute
ish hètte guern aïneun' termin' fur hoïte

le plus tôt possible	**non, ce n'est pas grave**
so bald wie möglich	nein, es ist nicht schlimm
zo balt vî meuglish	*naïn, ess ist nisht chlim'*

pouvez-vous faire venir une ambulance au …
können Sie einen Krankenwagen zur folgenden Adresse schicken …
keuneun' zi aïneun' kran'keun'vagueun' tsour folgueun'deun' adresse chikeun …'

je voudrais une solution de rinçage pour lentilles souples
ich möchte ein Reinigungsmittel für weiche Kontaktlinsen
ish meushte aïn' raïnigoun'gsmitteul fur vaïshe kon'taktlindseun'

j'ai cassé mes lunettes
ich habe meine Brille zerbrochen
*ish habe maïne **brile** tsèr**bror**reun'*

Comprendre

Arztpraxis   cabinet médical
Not(fall)aufnahme   urgences
Rezept   ordonnance

vor Donnerstag ist nichts frei
il n'y a rien de libre avant jeudi

passt Ihnen Freitag, um vierzehn Uhr?
vendredi à 14h, ça vous convient ?

Chez le médecin

S'exprimer

j'ai rendez-vous avec le Docteur …
ich habe einen Termin beim Doktor …
*ish habe aïneun' ter**min**' baïm' **dok**tor …*

je ne me sens pas bien
ich fühle mich nicht gut
*ish **fû**le mish nisht **gout***

je me sens très faible
ich fühle mich sehr schwach
*ish **fû**le mish **zér** chvarr*

je ne sais pas ce que c'est
ich weiß nicht, was es ist
*ish **vaï**ss nisht, vass ess **ist***

ça a commencé la nuit dernière
es hat letzte Nacht angefangen
*ess hat lètste narrt **an**'gué**fan**'gueun'*

j'ai été piqué/mordu par …
ich bin von … gestochen/gebissen worden
*ish bin' von' … gué**chtor**reun'/gué**biss**eun' vordeun'*

j'ai mal à la tête/au cœur/au ventre/au dos/à la gorge/aux dents
ich habe Schmerzen am Kopf/am Herzen/am Bauch/am Rücken/am Hals/an den Zähnen
*ish habe **chmèr**tseun' am **kopf**/am **hert**seun'/am **bâ**ourr/am **ruk**eun'/am **halss**/an' dén' **tsè**neun'*

SANTÉ

j'ai mal ici
ich habe Schmerzen hier
*ish habe chmèrtseun'**hîr***

ça fait mal
das tut weh
*dass tout **vé***

ça s'est aggravé
es hat sich verschlimmert
*ess hat zish fèr**chlim**eurt*

ça fait 3 jours
seit drei Tagen
*zaït draï **ta**gueun'*

c'est la première fois que ça m'arrive
das habe ich zum ersten Mal
*dass habe ish tsoum **er**steun' mâl*

j'ai de la fièvre
ich habe Fieber
*ish habe **fî**beur*

ça me démange
es juckt mich
*ess **ioukt** mish*

je fais de l'asthme
ich habe Asthma
*ish habe **a**sma*

je suis cardiaque
ich bin herzkrank
*ish bin' **herts**kran'k*

je suis sous antibiotiques depuis une semaine et ça ne va pas mieux
ich nehme seit einer Woche Antibiotika, und es geht mir nicht besser
*ish **né**me zaït aïneur **vor**re an'ti**bio**tika, oun't ess guét mir nisht **bes**seur*

je prends la pilule/la minipilule je suis enceinte de 5 mois
ich nehme die Pille/die Minipille   ich bin im fünften Monat schwanger
*ish néme di **pi**le/di mini**pi**le   ish bin' im' fun'fteun' **mô**nat **chvan**'gueur*

j'ai besoin de la pilule du lendemain
ich brauche die Pille am Tag danach
*ish brâourre di **pi**le am' tag danarr*

je me suis tordu la cheville
ich habe mir den Knöchel verstaucht
*ish habe mir dén **kneu**sheul vèr**chtâou**rrt*

j'ai eu une syncope
ich bin in Ohnmacht gefallen
*ish bin' in ôn'masht gué**fa**lleun'*

je suis tombé sur le dos
ich bin auf den Rücken gefallen
*ish bin' âouf dén **ruk**eun' gué**fa**lleun'*

c'est grave ?
ist es schlimm?
*ist ess **chlim** ?*

comment va-t-il ?
wie geht es ihm?
*vi guét ess **îm** ?*

j'ai perdu un plombage
ich habe eine Zahnfüllung verloren
*ish habe aïne **tsân**fulloun'g fèr**lô**reun'*

combien je vous dois ?
wieviel schulde ich Ihnen?
*vifil **choul**de ish îneun'*

est-ce que je peux avoir un reçu pour me faire rembourser ?
kann ich eine Quittung bekommen, damit man mir den Betrag
zurückerstattet?
*kan' ish aïne **kvit**toun'g bé**kom**meun', damit man' mir dén bé**trag**
tsou**ruk**érchtateut' ?*

Comprendre

nehmen Sie bitte im Wartezimmer Platz
si vous voulez bien patienter dans la salle d'attente

wo tut es Ihnen weh?
où est-ce que ça vous fait mal ?

legen Sie sich bitte hin
allongez-vous, s'il vous plaît

tief durchatmen
respirez bien fort

tut es Ihnen weh, wenn ich hier drücke?
ça vous fait mal quand j'appuie là ?

sind Sie gegen … geimpft?
êtes-vous vacciné contre … ?

sind Sie allergisch auf …?
êtes-vous allergique à … ?

werden Sie im Augenblick medikamentös behandelt?
avez-vous des traitements en cours ?

wenn Sie Schmerzen haben, nehmen Sie eine Kapsel
prenez une gélule en cas de douleur

in ein paar Tagen dürfte es vorbei sein
ça devrait passer en quelques jours

das dürfte rasch vernarben
ça devrait cicatriser rapidement

kommen Sie in einer Woche wieder
revenez me voir dans une semaine

À la pharmacie

S'exprimer

une boîte de pansements, s'il vous plaît
ein Päckchen Pflaster, bitte
*aïn' pèksheun' **pflast**eur, bitte*

j'ai attrapé un rhume
ich habe mir einen Schnupfen geholt
*ish habe mir aïneun' **chnou**pfeun' guéhôlt*

je suis allergique à l'aspirine
ich bin allergisch auf Aspirin
*ish bin' **all**erguich âouf aspir**in***

j'aurais besoin de quelque chose contre la toux
ich bräuchte etwas gegen Husten
*ish bröishte etvass guégueun' **hou**steun'*

je voudrais prendre de l'homéopathie
ich hätte gern ein homöopathisches Präparat
*ish hètte guern aïn' homeuo**pa**ticheuss prèpar**ât***

Comprendre

auftragen	appliquer
dreimal täglich nehmen	à prendre trois fois par jour
Gegenanzeigen	contre-indications
Kapsel	gélule
nur auf Rezept	uniquement sur ordonnance
-pulver	en poudre
Saft, Sirup	sirop
Salbe	pommade
Tablette	cachet, comprimé
Zäpfchen	suppositoires

PROBLÈMES, URGENCES

ⓘ Les policiers allemands sont reconnaissables à leur uniforme vert et leur voiture verte signalée par l'inscription **Polizei**. Bien formés, beaucoup parlent au moins anglais, et ils sont généralement très serviables avec les touristes.

Pour le bureau des objets trouvés, demandez le **Fundbüro**.

En cas d'urgence, composez le 110 pour la police et le 112 pour les pompiers (premiers secours). Dans tous les cas, soyez en mesure de produire un passeport ou une carte d'identité.

Pour commencer

accident	der Unfall *dér **oun**'fal*
ambulance	der Krankenwagen *dér **kran**'keun'vagueun'*
blessé	verletzt *feur**letst***
cassé	gebrochen *gué**bror**reun'*
en retard	zu spät *tsou **chpèt***
handicapé	behindert *bé**hin**'deurt*
incendie	der Brand *dér **bran**'t*
malade	krank *kran'k*
médecin	der Arzt *dér **ârtst***
police	die Polizei *di polits**aï***
pompiers	die Feuerwehr *di f**oïe**urvér*
urgence	der Notfall *dér **nôt**fal*

S'exprimer

est-ce que vous pourriez m'aider ?
könnten Sie mir helfen?
*keun'teun' zi mir **hel**feun' ?*

au secours !
Hilfe!
***hil**fe !*

attention !
Achtung!
***arr**toun'g !*

PROBLÈMES, URGENCES

c'est urgent !
es ist dringend!
*ess ist **drin**'gueun't !*

que dois-je faire ?
was soll ich tun?
*vass zol ish **toun**' ?*

est-ce qu'il y a quelqu'un ici qui parle français ?
spricht hier jemand französisch?
*chprisht hîr **ié**man't fran'**tseu**zish ?*

je dois contacter le consulat
ich muss mich mit dem Konsulat in Verbindung setzen
*is mouss mish mit dém kon'sou**lât** in' fèr**bin**'doun'g zètseun'*

où est le commissariat le plus proche ?
wo ist die nächste Polizeiwache?
***vô** ist di nèkste polit**saï**varre ?*

on m'a volé mes papiers
man hat mir meine Papiere gestohlen
*man' hat mir maïne pa**pî**re gué**chtô**leun'*

j'ai perdu …
ich habe … verloren
*ish habe … vèr**lô**reun'*

j'ai été agressé
ich bin angegriffen worden
*ish bin' **an**'gué**gri**feun' vordeun'*

mon enfant a disparu
mein Kind ist verschwunden
*maïn kin't ist fèr**chvoun**'deun'*

ma voiture a été emmenée à la fourrière
mein Auto ist abgeschleppt worden
*maïn **â**outo ist **ap**guéchlèpt vordeun'*

il y a un homme qui me suit depuis un moment
ein Mann verfolgt mich schon eine Weile
*aïn man' fèr**folgt** mish chôn' aïne **vaï**le*

on a forcé la porte de ma voiture
mein Auto ist aufgebrochen worden
*maïn **â**outo ist **â**oufgué**bror**reun' vordeun'*

y a-t-il un accès pour handicapés ?
gibt es einen Eingang für Behinderte?
*guipt ess aïneun **aïn**'gan'g fur bé**hin**'deurte ?*

pouvez-vous surveiller mes affaires un instant ?
können Sie einen Augenblick auf meine Sachen aufpassen?
*keuneun' zi aïneun' **â**ougueun'blik âouf maïneun' **za**rreun' **â**oufpasseun' ?*

Comprendre

außer Betrieb	en panne
Bergwacht	secours de montagne
bissiger Hund	chien méchant
Fundbüro	bureau des objets trouvés
Notausgang	sortie de secours
Pannendienst	service de dépannage
Rettungspolizei	police secours

Police

S'exprimer

je dois faire une déclaration de vol
ich möchte einen Diebstahl melden
*ish meushte aïneun' **dîb**chtâl mèldeun'*

j'ai besoin d'un certificat de police pour ma compagnie d'assurance
ich brauche eine amtliche Bestätigung der Polizei für meine Versicherung
*ish brâourre aïneun **am**tlishe bé**chtè**tigoun'g dér polit**saï** fur maïne
fèr**zi**sheuroun'g*

Comprendre

Remplir un formulaire

Name	nom
Vorname	prénom
Anschrift	adresse
Postleitzahl	code postal
Land	pays
Staatsangehörigkeit	nationalité
Geburtsdatum	date de naissance
Geburtsort	lieu de naissance
Alter	âge
Geschlecht	sexe
Aufenthaltsdauer	durée du séjour

Zeitpunkt der Ankunft/Abfahrt	date d'arrivée/de départ
Beruf	profession
Passnummer	numéro de passeport

was fehlt?
qu'est-ce qu'il vous manque ?

wann ist das passiert?
quand cela s'est-il passé ?

können Sie ihn beschreiben?
pouvez-vous le décrire ?

wie ist Ihre augenblickliche Adresse?
où logez-vous ?

können Sie bitte dieses Formular ausfüllen?
pouvez-vous remplir ce formulaire, s'il vous plaît ?

können Sie bitte hier unterschreiben?
pouvez-vous signer ici, s'il vous plaît ?

Quelques expressions familières

der Bulle flic
der Knast taule
eingesperrt werden se faire serrer
eine Politesse une pervenche
ein Knöllchen/ein Strafzettel une contravention

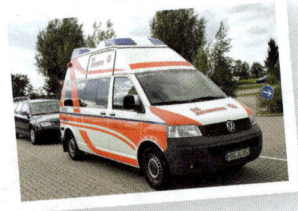

LA DATE, LE TEMPS

Pour commencer

à l'heure du déjeuner	zur Mittagszeit *tsour **mit**tags-tsaït*
année	das Jahr *dass iâr*
après *(préposition)*	nach *narr*
avant *(préposition)*	vor *fôr*
bientôt	bald *balt*
dans la soirée	im Laufe des Abends *im' lâouf dès **a**beun'ts*
de … à …	von … bis … *von' … biss …*
déjà	schon *chôn'*
depuis	seit *zaït*
dernier	letzte ***lèt**ste*
de temps en temps	von Zeit zu Zeit *von' tsaït tsou **tsaït***
en avance	zu früh *tsou **frû***
en ce moment	im Augenblick *im' **â**ougueun'blik*
encore	noch *norr*
en début de	Anfang ***an**'fan'g*
en fin de	Ende ***èn**'de*
en milieu de	Mitte ***mi**te*
en retard	zu spät *tsou **chpèt***
entre … et …	zwischen … und … ***tsvi**cheun' … oun't …*
jamais	nie *nî*
jour	der Tag *dér tag*
jusqu'à	bis *biss*
longtemps	lange ***lan**'gue*
maintenant	jetzt *iètst*
matin	der Morgen *dér **mor**gueun'*
midi	der Mittag *dér **mi**tag*
nuit	die Nacht *di narrt*
pas encore	noch nicht *norr **nisht***
pendant	während ***vè**reun't*
prochain	nächste ***nèk**ste*
rarement	selten ***zelt**eun'*
récemment	neulich ***noï**lish*
semaine	die Woche *di **vo**rre*
soir	der Abend *dér **â**beun't*

souvent	oft *oft*
tard	spät *chpèt*
tôt	früh *frü*
toujours	immer *imeur*
tout de suite	sofort *zofort*
week-end	das Wochenende *dass vorreun'-èn'de*

S'exprimer

à bientôt !
bis bald !
biss balt

à plus tard !
bis später !
biss chpèteur

à lundi !
bis Montag !
biss môn'tag

à tout à l'heure !
bis gleich !
biss glaïsh

on est arrivés trop tard
wir sind zu spät gekommen
vir zin't tsou chpèt guékomeun'

désolé, je suis en retard
Entschuldigung, ich habe mich verspätet
en'tchouldigoun'g, ish habe mish vèrchpèteut

je n'ai pas encore été là-bas
ich war noch nicht dort
ish var norr nisht dort

je n'ai pas eu le temps de …
ich hatte keine Zeit zu …
ish hatte kaïne tsaït tsou …

j'ai tout mon temps
ich habe es nicht eilig
ish habe ess nisht aïlish

je suis pressé
ich habe es eilig
ish habe ess aïlish

dépêchez-vous
beeilen Sie sich
bé-aïleun' zi zish

un instant, s'il vous plaît
einen Augenblick, bitte
aîneun' âougueun'blik, bite

je me suis couché tard
ich bin spät ins Bett gegangen
ish bin' chpèt in's bèt guégan'gueun

je me suis levé très tôt
ich bin sehr früh aufgestanden
ish bin' zér frü âoufguéchtan'deun'

j'ai attendu longtemps
ich habe lange gewartet
ish habe lan'gue guévarteut

il ne nous reste plus que 4 jours
wir haben nur noch vier Tage
vir habeun' nour norr fîr tague

je dois me réveiller très tôt demain pour prendre l'avion
ich muss morgen sehr früh aufstehen, um das Flugzeug zu nehmen
*ish mouss **mor**gueun' **zér** frû **â**oufchtéheun', oum dass **flouk**tsoïk tsdou*
némeun'

l'après-midi, je fais une sieste
nachmittags halte ich einen Mittagsschlaf
*narrmitags halte ish aîneun' **mi**tags-chlâf*

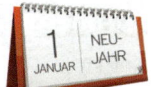

La date

ℹ Comment dire la date

Comme en anglais, on utilise le nombre ordinal pour exprimer la date ("le deuxième de janvier"). Pour écrire les nombres ordinaux, on écrit le chiffre suivi d'un point. Par exemple, le 2 janvier 2004 s'écrit am 2. Januar 2004.

Notez comment exprimer le mois et l'année dans les expressions suivantes :

en novembre	im November
je suis né en 1970	ich bin 1970 geboren ou ich bin im Jahre 1970 geboren
de 2003 à 2004	von 2003 bis 2004
entre 2001 et 2004	zwischen 2001 und 2004
au 1er siècle avant J.-C./	im 1. Jahrhundert vor Christi
après J.-C.	Geburt (v. Chr.)/nach Christi Geburt (n. Chr.)

Pour commencer

après-demain	übermorgen **u**beurmorgueun'
aujourd'hui	heute *hoïte*
avant-hier	vorgestern **vôr**guesteurn
dans 2 jours	in zwei Tagen *in' tsvaï **ta**gueun'*
demain	morgen **mor**gueun'
demain matin	morgen früh **mor**gueun' frû
hier	gestern **gues**teurn'

hier matin/après-midi/ soir
gestern morgen/mittag/abend
*gues*teurn' morgueun'/*mit*ag/abeun't

il y a …
vor … vôr …

S'exprimer

je suis né en …
ich bin … geboren
*ish bin' … gué**bô**reun'*

je suis déjà venu il y a plusieurs années
ich bin vor einigen Jahren schon einmal hier gewesen
*ish bin' vôr **aï**nigueun' **iâ**reun' chôn' **aïn**'mal hir gué**vé**zeun'*

j'ai passé un mois en Allemagne il y a quelques années
vor einigen Jahren habe ich einen Monat in Deutschland verbracht
*fôr **aï**nigueun' **iâ**reun' habe ish aïneun' **mô**nat in' **doït**chlan't vèr**brarr**t*

j'étais venu l'année dernière à la même époque
letztes Jahr war ich um die gleiche Zeit hier
*lètsteus iâr var ish oum di **glaï**she **tsaït** hîr*

on est quel jour aujourd'hui ?
was ist heute für ein Tag?
*vass ist **hoï**te fur aïn' tag ?*

on est le combien aujourd'hui ?
welches Datum haben wir heute?
*vèl*sheus **dât**oum habeun' vir hoïte ?*

on est mardi 1er mai
wir haben Dienstag, den ersten Mai
*vir habeun' **dîn**'stag, dén **érs**teun' maï*

je reste jusqu'à dimanche
ich bleibe bis Sonntag
*ish blaïbe biss **zon**'tag*

on s'en va demain
wir reisen morgen ab
*vir raïzeun' **mor**gueun' ap*

j'ai déjà quelque chose de prévu mardi
ich habe Dienstag schon etwas vor
*ish habe **dîn**'stag chôn' etvass **vôr***

Comprendre

drei Mal täglich/stündlich	trois fois par jour/heure
ein Mal	une fois
jeden Tag/Montag	tous les jours/lundis
sonntagmorgens geöffnet	ouvert le dimanche matin

das wurde Mitte des neunzehnten Jahrhunderts erbaut
ça a été construit au milieu du XIXe siècle

das erscheint alle zwei Wochen
ça sort une fois toutes les deux semaines

die Leute gehen hauptsächlich am Wochenende aus, unter der Woche kaum
les gens sortent surtout le week-end, très peu en semaine

es gibt im Sommer viele Festivals
il y a beaucoup de festivals pendant l'été

wann reisen Sie ab?
quand est-ce que vous repartez ?

bis wann bleiben Sie?
vous restez jusqu'à quand ?

L'heure

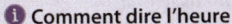

ℹ Comment dire l'heure

Pour écrire l'heure, on met un point entre les heures et les minutes : 17h30 s'écrit 17.30.

Pour distinguer le matin de l'après-midi, les Allemands préfèrent le système de 0 à 24h. Mais on peut préciser seulement morgens (du matin) ou nachmittags (de l'après-midi) : 05.00 = fünf Uhr morgens, 17.00 = fünf Uhr nachmittags.

Pour commencer

à l'heure	pünktlich **pun**'ktlish
de l'après-midi	nachmittags **narr**mitags
du matin	morgens **mor**gueun's
être en avance	vorzeitig da sein **vôr**tsaïtish da zaïn'
être en retard	verspätet sein vèr**chpè**teut zaïn'
midi	Mittag mitag, zwölf Uhr mittags tsveulf our **mi**tags
minuit	Mitternacht **mi**teurnarrt, zwölf Uhr nachts tsveulf our **narrts**
trois quarts d'heure	eine Dreiviertelstunde aïne draïfirteul**chtoun**'de

une demi-heure	eine halbe Stunde *aïne **halp**chtoun'de*
un quart d'heure	eine Viertelstunde *aïne fierteul**chtoun**'de*
vingt minutes	zwanzig Minuten ***tsvan**tsish mi**nou**teun'*

S'exprimer

excusez-moi, est-ce que vous auriez l'heure, s'il vous plaît ?
Entschuldigung, können Sie mir bitte die Uhrzeit sagen?
*en't**choul**digoun'g, **keu**neun' zi mir bite di **our**tsaïït zagueun' ?*

quelle heure est-il ?
wie viel Uhr ist es?
*vifil **our** ist ess ?*

il est …
es ist …
ess ist …

presque treize heures
kurz vor dreizehn Uhr
***kourts** vôr draïtsén' our*

une heure dix
zehn nach eins
tsén' narr aïn's

une heure et quart
Viertel nach eins
***fi**rteul narr aïn's*

une heure moins le quart
Viertel vor eins
***fi**rteul vôr aïn's*

midi vingt
zwanzig nach zwölf
***tsvan**'tsish narr tsveulf*

midi moins vingt
zwanzig vor zwölf
***tsvan**'tsish vôr tsveulf*

une heure et demie
halb zwei
halp tsvaï

trois heures pile
punkt drei Uhr
***poun'k**t draï our*

je suis arrivé vers deux heures
ich bin gegen zwei Uhr angekommen
*ish bin' guégueun' tsvaï our **an'guéko**meun'*

je me suis couché vers les deux heures
ich bin gegen zwei Uhr ins Bett gegangen
*ish bin' guégueun' tsvaï our in's **bèt** guégan'gueun'*

j'ai mis le réveil à neuf heures
ich habe den Wecker auf neun Uhr gestellt
*ish habe dén **vè**keur âouf noïn' our gué**chtèlt***

j'ai attendu vingt minutes
ich habe zwanzig Minuten gewartet
*ish habe tsvan'tsish mi**nou**teun' gué**var**teut*

le train a eu quinze minutes de retard
der Zug hatte eine Viertelstunde Verspätung
*dér **tsouk** hate aÎne **fi**rteulchtoun'de vèr**chpèt**oun'g*

je suis rentré il y a une heure
ich bin vor einer Stunde zurückgekommen
*ish bin' vôr aïneur chtoun'de tsourukgué**ko**meun'*

on se retrouve dans une demi-heure ?
treffen wir uns in einer halben Stunde?
***trè**feun' vir oun's in' aïneur **hal**beun' **chtoun**'de ?*

je serai de retour d'ici un quart d'heure
ich bin in einer Viertelstunde wieder da
*ish bin' in' aïneur **fi**rteul chtoun'de **vî**deur da*

il y a trois heures de décalage entre … et …
es gibt eine dreistündige Zeitverschiebung zwischen … und …
*ess guipt aïne **draï**chtun'digue **tsaï**tvèrchîboun'g tsvicheun' … oun't …*

Comprendre

ein Zug/Bus stündlich
départ toutes les heures

der Schalter ist von zehn Uhr bis sechzehn Uhr durchgehend geöffnet
guichet ouvert de 10h à 16h sans interruption

das findet jeden Tag um neunzehn Uhr statt
ça se joue tous les jours à 19h

das dauert ungefähr eineinhalb Stunden
ça dure environ une heure et demie

es ist ab zehn Uhr geöffnet
ça ouvre à partir de 10h

es macht um zwei Uhr wieder auf
ça rouvre à 2h

Comme en français, on utilise la virgule pour séparer les décimales dans un montant. **3,10 Euro** se dit **drei Euro zehn**.

0	null *noul*
1	eins *aïn's*
2	zwei *tsvaï*
3	drei *draï*
4	vier *fîr*
5	fünf *fun'f*
6	sechs *zex*
7	sieben ***zî**beun'*
8	acht *arrt*
9	neun *noïn'*
10	zehn *tsén'*
11	elf *elf*
12	zwölf *tsveulf*
13	dreizehn ***draï**tsén'*
14	vierzehn ***fîr**tsén'*
15	fünfzehn ***fun'f**tsén'*
16	sechzehn ***zesh**tsén*
17	siebzehn ***zîb**tsén'*
18	achtzehn ***arrt**sén'*
19	neunzehn ***noïn**tsén'*
20	zwanzig ***tsvan'**tsish*
21	einundzwanzig ***aïn**-ount-tvan'tsish*
22	zweiundzwanzig ***tsvaï**-ount-tvan'tsish*
30	dreißig ***draï**ssish*
35	fünfunddreißig ***fun'f**-ount-draïssish*
40	vierzig ***fîr**tsish*
50	fünfzig ***fun'f**tsish*
60	sechzig ***sesh**tsish*
70	siebzig ***zîb**tsish*
80	achtzig ***arrt**ish*
90	neunzig ***noïn**tsish*
100	hundert ***houn'**deurt*
101	einhunderteins ***aïn**houn'deurt**aïn's***

200	zweihundert	**tsvaï**houn'deurt
500	fünfhundert	**fun'f**houn'deurt
1000	tausend	**täou**zeun't
2000	zweitausend	**tsvaï**täouzeun't
10000	zehntausend	**tsén**'täouzeunt'
1000000	eine Million	aïne mili**ôn'**

premier	erst-	erst-
deuxième	zweit-	tsvaït-
troisième	dritt-	drit-
quatrième	viert-	fîrt-
cinquième	fünft-	fun'ft-
sixième	sechst-	sext-
septième	siebt-	zîbt-
huitième	acht-	arrt-
neuvième	neunt-	noïnt-
dixième	zehnt-	tsént-
vingtième	zwanzigst-	**tsvan**'tsigst-
vingt et unième	einundzwanzigst-	**aïn'**-oun't-**tsvan**'tsigst-

20 plus 3 égale 23
20 plus 3 ist gleich 23
tsvan'tsish plouss **draï** ist glaïsh **draï**-oun't-**tsvan**'tsish

20 moins 3 égale 17
20 minus 3 ist gleich 17
tsvan'tsish minouss **draï** ist glaïsh **zîb**tsén'

20 multiplié par 4 égale 80
20 mal 4 ist gleich 80
tsvan'tsish mâl **fîr** ist glaïsh **arrt**sish

20 divisé par 4 égale 5
20 geteilt durch 4 ist gleich 5
tsvan'tsish guétaïtl doursh
 fîr ist glaïsh **fun'f**

à : à Paris in Paris; **à la gare** am Bahnhof; **à 2 km** in 2 Kilometern; **je vais à Paris/à la gare** ich gehe nach Paris/zum Bahnhof; **à 3h** in 3 Stunden

abbaye die Abtei

abeille die Biene

abîmé beschädigt, kaputt

abord : d'abord zuerst

abordable (prix) erschwinglich

abricot die Aprikose

accélérateur das Gaspedal

accent der Akzent

accepter annehmen **54, 109**

accès der Zugang, der Eingang **140**

accident der Unfall **46**

accompagner begleiten; (en voiture) mitnehmen

accord : d'accord einverstanden; **je suis d'accord** ich bin einverstanden **35**

accueil der Empfang

accueillant freundlich

acheter kaufen **108, 128**

acteur, -trice der Schauspieler, die Schauspielerin

adaptateur der Adapter

addition die Rechnung **70**

adolescent der Jugendliche

adorer toll finden **34**

adresse die Adresse

adresse e-mail die E-Mail-Adresse **125**

adulte der Erwachsene

aéroport der Flughafen

affaires (commerce) die Geschäfte; (personnelles) die Sachen **140**

affiche das Plakat

affreux schrecklich

âge das Alter; **quel âge as-tu ?** wie alt bist du? **31**

âgé : les personnes âgées die älteren Leute

agence de voyages das Reisebüro

aggraver (s') sich verschlimmern **136**

agneau das Lamm

agréable angenehm

agresser angreifen **140**

aide die Hilfe

aider helfen (+ dat) **46, 113, 125, 139**

ail der Knoblauch

ailleurs anderswo; **d'ailleurs** (au fait) übrigens

aimer (apprécier) schätzen, gern mögen **34, 112**; (d'amour) lieben; **j'aimerais** ich würde gern **23**

air die Luft; **en plein air** Freiluft-; **avoir l'air** aussehen **88**

alcool der Alkohol; **alcool à 90°** der neunzigprozentige Alkohol

Allemagne Deutschland

Allemand, -e der/die Deutsche

aller (n) die Hinfahrt

aller (v) (à pied) gehen; (en voiture, train etc.) fahren **47**; **comment allez-vous ?** wie geht es Ihnen?; **je vais bien** es geht mir gut; **ça va ?** wie geht's?; **ça va** danke, gut; **ça vous va ?** passt Ihnen das?; **ça vous va bien** das steht Ihnen gut

aller (s'en) weggehen

allergique allergisch **137, 138**

aller-retour (voiture, train) die Hin-und Rückfahrt; (avion) der Hin-und Rückflug

allô hallo **129**

allumer (feu, cigarette) anzünden; (lumière) anmachen

allumette das Streichholz

alors dann

alphabet das Alphabet

amande die Mandel

ambassade die Botschaft

ambiance die Stimmung **35**

ambulance der Krankenwagen **134**

amende der Strafzettel

amener mitbringen

amer bitter

Américain, -e der Amerikaner, die Amerikanerin

ami, -e der Freund, die Freundin **32**; **petit ami** der Freund; **petite amie** die Freundin

amour die Liebe

ampoule (électrique) die Glühbirne; (sur la peau) die Blase

amusant unterhaltsam

amuser (s') sich unterhalten **35**

an das Jahr; **j'ai 22 ans** ich bin 22 Jahre alt **31**

ananas die Ananas

ancien alt

anesthésie die Betäubung

angine die Angina

Anglais, -e der Engländer, die Engländerin

Angleterre England

animal das Tier

animé (lieu) belebt **35**

année das Jahr; **bonne année !** frohes Neues Jahr!

anniversaire der Geburtstag; **bon anniversaire !** alle Gute zum Geburtstag!

anniversaire de mariage der Hochzeitstag

annuaire das Telefonbuch

annuler streichen

antibiotique das Antibiotikum **136**

antique antik

antiquité die Antiquität

août der August

apéritif der Aperitif

appareil : appareil photo der Fotoapparat **118**; **qui est à l'appareil ?** wer ist am Apparat? **129**

appartement die Wohnung

appel (téléphonique) der Anruf

appeler (faire venir) rufen; (au téléphone) anrufen **130**; **s'appeler** heißen **30**

appendicite die Blinddarmentzündung

appétit : bon appétit ! guten Appetit!

apporter bringen **65, 90**

apprendre (leçon, langue) lernen; (nouvelle) erfahren **26**

après nach

après-demain übermorgen

après-midi der Nachmittag

appuyer : appuyer sur drücken; **s'appuyer (sur)** sich stützen (auf +acc)

araignée die Spinne

arbre der Baum

architecture die Architektur

argent (métal) das Silber; (monnaie) das Geld **108**

arnaque der Nepp

arrêt der Halt **44**; **sans arrêt** dauernd

arrêt de bus die Haltestelle

arrêter aufhören; **s'arrêter** stehen bleiben; (train, bus) anhalten

arrivée die Ankunft

arriver (quelque part) ankommen **32, 41**; (se passer) passieren **136**; **arriver à faire quelque chose** es schaffen, etwas zu tun **25**

art die Kunst

article der Artikel

articuler artikulieren

artisanal Traditions-
artiste der Künstler, die Künstlerin
ascenseur der Aufzug
aspirine das Aspirin
asseoir (s') sich setzen
assez (suffisamment) genug 64, 108; (plutôt) ziemlich; **assez de** genügend
assiette der Teller
assurance die Versicherung 141
assurance tous risques die Vollkaskoversicherung 46
asthme das Asthma 136
Atlantique : l'océan Atantique der Atlantik
attendre warten 144, 148; **attendre quelqu'un/quelque chose** auf jemanden/etwas warten
attention : faire attention aufpassen; **attention !** Achtung!
attrape-touristes der Touristennepp
auberge de jeunesse die Jugendherberge 58
aubergine die Aubergine
aucun, -e kein; **aucune idée** keine Ahnung
aujourd'hui heute 134, 146
aussi auch; **moi aussi** ich auch; **aussi bien que** genau so gut wie
auteur der Autor, die Autorin
authentique echt
autobus der Reisebus
automne der Herbst
autoroute die Autobahn
autre : un(e) autre ein anderer, eine andere, ein anderes 54, 55, 67; **d'autres** andere; **autre chose** etwas anderes
Autriche Österreich
Autrichien, -enne der Österreicher, die Österreicherin

avance : à l'avance im Voraus 88; **en avance** zu früh, vorzeitig
avant vor, vorher; **avant de** bevor; **roue avant** das Vorderrad
avant-hier vorgestern
avec mit
avenue die breite Straße
aveugle blind
avion das Flugzeug; **par avion** (courrier) per Luftpost
avis (opinion) die Meinung; **changer d'avis** seine Meinung ändern
avocat (fruit) die Avocado
avoir haben
avril der April

baby-sitter der Babysitter
bagages das Gepäck 41
bagages à main das Handgepäck 41
bagarre die Schlägerei
bague der Ring
baguette das Baguett
baigner (se) baden
bain das Bad; **prendre un bain** ein Bad nehmen
balade der Spaziergang
balader (se) spazieren gehen
balcon der Balkon
balle der Ball
ballon der Ball
banane die Banane
bandage der Verband
bande-annonce die Vorschau
bande dessinée der Zeichentrickfilm
banlieue die Vorstadt
banque die Bank 120
bar die Kneipe, die Bar
barbe der Bart

barbecue der Grill; (entre amis) das Grillfest
bas : en bas unten
bas (adj) tief
basilique die Basilika
basket (sport) der Basketball
baskets (chaussures) die Turnschuhe
bateau das Schiff
bâtiment das Gebäude
bâton de ski der Skistock
batterie die Batterie **46**
bavarder plaudern
Bavière Bayern
beau schön; (homme) gut aussehend
beaucoup (de) viel **108**; **beaucoup de monde** viele Leute; **beaucoup plus** viel mehr; **beaucoup plus beau** viel schöner
bébé das Baby
Belge der Belgier, die Belgierin
Belgique Belgien
belvédère der Aussichtspunkt
besoin : avoir besoin de brauchen **134, 138**
bête (idiot) dumm
beurre die Butter
biberon das Fläschchen
bibliothèque die Bibliothek
bicyclette das Fahrrad
bien gut; **j'aimerais bien …** ich würde gern … **88**; **je suis bien chez … ?** spreche ich mit …? **129**; **bien sûr** natürlich
bientôt bald; **à bientôt !** bis bald!
bienvenue ! willkommen!
bière das Bier
bijouterie das Schmuckgeschäft
bijoux der Schmuck
billet (de transport) der Fahrschein **39**; (de banque) der Geldschein
billetterie der Geldautomat

bio (produits) Bio-
biscuit der Keks
biscuit salé das Salzgebäck
bise der Begrüßungskuss; **faire la bise à quelqu'un** jemandem einen Begrüßungskuss geben
bizarre seltsam
blague der Witz
blanc weiß
blanc d'œuf das Eiweiß
blessé verletzt
bleu (n) (sur la peau) der blaue Fleck
bleu (adj) (couleur) blau; (steak) ganz kurz gebraten
blond blond
bloqué (circulation) stockend; (mécanisme) blockiert **125**
blouson die Jacke
bœuf (viande) das Rind
boire trinken **90**
bois (forêt) der Wald; (matière) das Holz
boisson das Getränk
boîte (caisse) die Kiste
boîte aux lettres der Briefkasten **122**
boîte de conserve die Konservendose
boîte de nuit die Disko **90**
boîte de vitesses das Getriebe **46**
bol die Schale
bon (savoureux) gut; (exact) richtig; **bon marché** billig
bonbon das Bonbon
bondé überfüllt
bonjour (le matin) guten Morgen; (l'après-midi) guten Tag
bonnet die Mütze
bonsoir guten Abend
bord : au bord de la mer am Meer
bosse die Beule
bottes die Stiefel
bouche der Mund
boucherie die Metzgerei

bouchon (de bouteille) der Deckel; (en liège) der Korken; (embouteillage) der Stau
bouclés (cheveux) gelockt
boucles d'oreilles die Ohrringe
boue der Schlamm
bouée der Schwimmring
bougie (de cire) die Kerze; (de voiture) die Zündkerze
boulangerie die Bäckerei
boule (de glace) die Kugel
boules Quiès® die Ohropax®
boulot der Job
bout : un bout de … ein Stück …; **au bout de 2 heures** nach zwei Stunden; **au bout de la rue** am Ende der Straße
bouteille die Flasche 67
bouteille de gaz die Gasflasche
boutique der Laden
bouton (sur la peau) der Pickel; (de vêtement) der Knopf; (d'un appareil) die Taste
bracelet das Armband
branché (à la mode) modisch
brancher anschließen 132
bras der Arm
bravo ! bravo!
briquet das Feuerzeug
brochure die Broschüre
brocoli der Brokkoli
bronchite die Bronchitis
bronzé braun
bronzer (brunir) braun werden; (s'exposer) sich sonnen
brosse (à cheveux) die Bürste
brosse à dents die Zahnbürste
brouillard der Nebel
bruit der Lärm; **faire du bruit** Lärm machen

brûler brennen; **se brûler** sich verbrennen
brûlure die Verbrennung
brun (cheveux) braun
bruyant laut 56
bureau de poste das Postamt
bureau de tabac das Tabakgeschäft
bus der Bus

ça das
cabine d'essayage die Umkleidekabine
cabine téléphonique die Telefonzelle
cacahouètes die Erdnüsse
Caddie® der Einkaufswagen
cadeau das Geschenk 113
cafard die Küchenschabe
café (boisson) der Kaffee; (lieu) das Café
café au lait der Milchkaffee
café crème der Milchkaffee
café Internet das Internetcafé
cahier das Heft
caisse (boîte) die Kiste; (où payer) die Kasse
caleçon (sous-vêtement) die Boxershorts; (de bain) die Badeshorts
caleçon long die lange Unterhose
calme ruhig
cambriolage der Einbruch
caméra die Videokamera
camion der Lastwagen
campagne das Land
camping (activité) das Camping 59; (terrain) der Campingplatz; **faire du camping** campen
camping-car das Wohnmobil
camping-gaz® das Campinggas
canard die Ente
car (bus) der Bus
carafe der Krug 67

caravane der Wohnwagen

cardiaque herzkrank **136**

carie : avoir une carie Karies haben

carnet de tickets das Multiticket

carotte die Karotte

carte (menu) die Speisekarte; (géographique) die Landkarte; (à jouer) die Spielkarte; (papiers) die Karte

Carte Bleue® die Bankkarte **70, 109**

carte de crédit die Kreditkarte **54, 109, 120**

carte de téléphone die Telefonkarte **128**

carte de visite die Visitenkarte

carte d'identité der Personalausweis

carte postale die Postkarte

cas : au cas où für den Fall, dass; **en cas de …** im Fall von … **137**

casque der Helm

casquette die Mütze

cassé gebrochen

casse-croûte der Imbiss

casser zerbrechen **59, 135; se casser la jambe** sich das Bein brechen

casserole der Kochtopf

cassette (audio) die Kassette

cassette vidéo die Videokassette

catastrophe die Katastrophe

cathédrale die Kathedrale

catholique katholisch

cause : à cause de wegen (+gén)

caution die Kaution

CD die CD

ce : c'est das ist

ce, cette dieser, diese, dieses (voir grammaire)

ceinture der Gürtel

ceinture de sécurité der Sicherheitsgurt

cela das

célèbre berühmt

célibataire ledig

celui-ci, celle-ci dieser hier, diese hier, dieses hier

celui-là, celle-là dieser da, diese da, dieses da

cendrier der Aschenbecher

centimètre der Zentimeter

centre das Zentrum **56, 58**

centre commercial das Einkaufszentrum

centre-ville das Stadtzentrum

céréales die Getreideflocken

cerise die Kirsche

certain gewiss; (sûr) sicher

ces diese (voir grammaire)

ceux-ci, celles-ci diese hier

ceux-là, celles-là diese da

chacun jeder

chaîne die Kette; (hi-fi) die Stereoanlage; (de vélo) die Fahrradkette

chaise der Stuhl

chaleur die Hitze

chaleureux herzlich

chambre das Zimmer **54**

chambre à air der Schlauch

chambre d'hôtes das Gästezimmer

champagne der Champagner

champignon der Pilz

chance das Glück; **bonne chance !** viel Glück!; **avoir de la chance** Glück haben

changement die Änderung; (de train, bus) das Umsteigen **44**

changer ändern; (devises) wechseln; **se changer** sich umziehen

chanson das Lied

chapeau der Hut

chapeau de soleil der Sonnenhut

chapelle die Kapelle**

Dictionnaire français - allemand

chaque jeder, jede, jedes; **chaque jour** jeden Tag; **chaque fois** jedes Mal

charcuterie (magasin) die Metzgerei; (produits) die Wurstwaren

chasse d'eau die Wasserspülung

chat die Katze

château das Schloß

chaud heiß; **il fait chaud** es ist heiß; **boissons chaudes** heiße Getränke

chauffage die Heizung

chauffe-eau der Boiler

chauffeur de taxi der Taxifahrer

chaussettes die Socken

chaussures die Schuhe

chaussures de marche die Wanderschuhe

chaussures de ski die Skischuhe

chef (dirigeant) der Chef; (cuisinier) der Küchenchef

chemin der Weg 102; (direction) die Richtung

cheminée der Kamin

chemise (vêtement) das Hemd

chemise de nuit das Nachthemd

chèque der Scheck

chèque de voyage der Reisescheck

cher teuer

chercher suchen 112, 113, 119; **aller chercher quelqu'un** jemanden abholen; **aller chercher quelque chose** etwas holen

cheval das Pferd

cheveux das Haar

cheville der Knöchel

chèvre die Ziege

chewing-gum der Kaugummi

chez bei 129; **chez moi** zu Hause

chic elegant

chien der Hund

chinois chinesisch

chips die Chips

choc der Schock

chocolat die Schokolade

chocolat au lait die Milchschokolade

chocolat chaud die heiße Schokolade

chocolat noir die Bitterschokolade

choisir wählen 66

choix die Wahl

cholestérol das Cholesterin

chose die Sache

chou der Kohl

chou-fleur der Blumenkohl

chrétien christlich

cidre der Apfelmost

ciel der Himmel

cigare die Zigarre

cigarette die Zigarette

cimetière der Friedhof

cinéma (lieu) das Kino; (films) der Film

cintre der Kleiderbügel

circulation (de voitures) der Verkehr; (du sang) der Blutkreislauf

cirque der Zirkus

ciseaux die Schere

citron die Zitrone

citron vert die Limette

clair hell; **bleu clair** hellblau

classe : première/deuxième classe erste/zweite Klasse

classe affaires Businessclass

classe économique Economyclass

classique klassisch

clé der Schlüssel 56, 58

clémentine die Klementine

clignotant der Blinker

climat das Klima

climatisation die Klimaanlage

club der Club

Coca® die Coca-cola®

cochon das Ferkel

code confidentiel die Geheimzahl 121

code d'entrée der Türcode
code postal die Postleitzahl
cœur das Herz; **par cœur** auswendig
coffre (de voiture) der Kofferraum
cognac der Weinbrand
coiffeur der Frisör
coin (angle) die Ecke; (endroit) die Gegend 101, 110
coincé blockiert
colère : en colère wütend
colis das Paket
collants die Strumpfhose
colle der Klebstoff
collège die Schule
collier das Halsband
colline der Hügel
Cologne Köln
colonie de vacances das Ferienlager
combien (nombre) wie viele; (quantité) wie viel 70; **combien ça coûte ?** wie viel kostet das?; **combien de temps … ?** wie lange …?; **depuis combien de temps … ?** seit wann …?; **on est le combien ?** den wie vielten haben wir heute?
combinaison de plongée der Taucheranzug
commander (nourriture) bestellen 67
comme (pareillement) wie; (parce que) da
commencer anfangen 135
comment wie 23, 25, 30
commerces die Geschäfte
commissariat die Polizeiwache 140
commission (de change) die Kommission
communiquer mitteilen
compagnie aérienne der Luftfahrtgesellschaft
compartiment das Abteil
complet (plein) voll 57, 66
complètement völlig

comprendre verstehen 25, 35
comprimé die Tablette
compris (service, assurance) inbegriffen 70; **tout compris** alles inklusive
comptant : payer comptant gleich bezahlen
compte : travailler à son compte selbständig arbeiten
compte bancaire das Bankkonto
compter zählen; **compter sur** zählen auf (+acc)
compteur électrique der Stromzähler
concert das Konzert 88
concombre die Gurke
conduire (une voiture) fahren; (guider) führen 29
confirmer (vol) bestätigen 41
confiture die Marmelade
confortable bequem
congélateur der Tiefkühlschrank
connaissance (personne) die Bekanntschaft; **connaissances** (savoir) das Wissen
connaître kennen 26, 131
connu bekannt; **pas connu** unbekannt
conseil der Rat; **demander conseil à quelqu'un** jemanden um Rat fragen
conseiller beraten 33, 101
consigne (pour bagages) die Gepäckaufgabe
consommation (boisson) das Getränke
consommer verzehren
constipé verstopft
construire erbauen
consulat das Konsulat 140
contact der Kontakt; **rester en contact** in Verbindung bleiben 33
contacter kontaktieren 140
contagieux ansteckend
contemporain zeitgenössisch

Dictionnaire FR-ALL

content zufrieden

continuation : bonne continuation ! weiterhin alles Gute!

continuer weitergehen

contraceptif das Verhütungsmittel

contraire das Gegenteil; **au contraire** im Gegenteil

contrat der Vertrag

contre gegen

coordonnées die Angaben 34

copain, -ine der Freund, die Freundin 90; **petit copain** der Freund; **petite copine** die Freundin

coquillage die Muschel

coquille Saint-Jacques die Jakobsmuschel

corps der Körper

correct korrekt

correspondance (changement) der Anschluss 41

côte (maritime) die Küste; (du corps) die Rippe; **côte d'agneau** das Lammkotelett

côté die Seite; **à côté de** neben

côtelette das Kotelett

coton (hydrophile) die Watte; (textile) die Baumwolle

coton-tige® das Wattestäbchen

cou der Hals

couche die Windel

coucher : se coucher ins Bett gehen; **coucher avec** schlafen mit

couchette der Schlafwagen

couleur die Farbe

coup : ça vaut le coup das lohnt sich; **aller boire un coup** einen trinken gehen

coup de soleil : prendre un coup de soleil sich einen Sonnenbrand holen

coupe-ongles der Nagelknipser

couper schneiden; **se couper** sich schneiden; **coupé en tranches** in Scheiben (geschnitten)

courage der Mut; **bon courage !** viel Erfolg!

courant : être au courant (de) Bescheid wissen (über)

courgette die Zucchini

courrier die Post 123

cours (leçon) der Unterricht 100, 103

courses die Einkäufe; **faire des/les courses** einkaufen gehen 53

court kurz

couteau das Messer

coûter kosten; **combien ça coûte ?** wie viel kostet das?

couvert (n) (table) das Besteck

couvert (adj) bedeckt

couverture die Decke

crabe der Krebs

cravate die Krawatte

crayon der Stift

crème die Creme

crème à raser der Rasierschaum

crème dépilatoire die Enthaarungscreme

crème fraîche die Sahne

crème hydratante die Feuchtigkeitscreme

crème solaire die Sonnencreme

crever platzen lassen 46

crevette die Krabbe

crise die Krise

crise cardiaque der Herzinfarkt

crise d'appendicite die akute Blinddarmentzündung

critique die Kritik

critiquer kritisieren

croire glauben; **je crois que …** ich glaube, dass …

croisière die Kreuzfahrt

croix das Kreuz

crotte der Hundekot

cru roh
crustacés die Schalentiere
cuillère der Löffel
cuillère à café der Teelöffel
cuillère à soupe der Esslöffel
cuir das Leder
cuire kochen; (gâteau, pain) backen
cuisine die Küche; **faire la cuisine** kochen
cuisse der Schenkel
cuit gekocht; **bien cuit** gar; **trop cuit** verkocht
cuivre das Kupfer
culotte die Unterhose
curé der Pfarrer
cybercafé das Internetcafé

D

dangereux gefährlich
dans in; **dans une heure** in einer Stunde; **dans la soirée** im Laufe des Abends
date das Datum
date de naissance das Geburtsdatum
date d'expiration gültig bis
date limite das Verfallsdatum
dater : dater de ... aus... stammen
de von; **le vélo de David** Davids Fahrrad; **de ... à ...** von ... bis ...; **du pain** Brot; **des œufs** Eier (voir grammaire)
débrouiller (se) sich durchschlagen
début der Anfang; **au début** am Anfang; **en début de** am Anfang von
débutant der Anfänger
déca (décaféiné) der koffeinfreie Kaffee
décalage horaire die Zeitverschiebung
décapsuleur der Flaschenöffner
décembre der Dezember
décider entscheiden
déclaration (de perte, vol) die Anzeige **41**

déclarer (à la douane) anmelden
décoller (avion) abheben
découvrir entdecken
déçu enttäuscht
dedans drinnen
défaut (de fabrication) der Fehler
dégonflé platt
dehors draußen
déjà schon **102, 146**
déjeuner (n) das Mittagessen
déjeuner (v) zu Mittag essen
délicieux köstlich
demain morgen; **à demain !** bis morgen!; **demain soir** morgen Abend
demander fragen; **demander quelque chose à quelqu'un** jemanden um etwas bitten
démanger jucken **136**
demi (n) (bière) die Halbe
demi (adj) halb **67**; **un demi-litre/-kilo** ein halber Liter/halbes Kilo; **une demi-heure** eine halbe Stunde; **une heure et demie** andert halbstunden
demi-pension die Halbpension
demi-tour : faire demi-tour umkehren
dent der Zahn
dentifrice die Zahnpasta
dentiste der Zahnarzt
déodorant das Deo
dépannage (service de) der Abschleppdienst
départ die Abfahrt
dépêcher (se) sich beeilen
dépendre : ça dépend de ... es hängt von ... ab
dépenser ausgeben
dépliant der Prospekt **39**
déposer (quelqu'un) aussteigen lassen **47**
depuis seit; **depuis que** seit; **depuis quand ?** seit wann?

déranger stören

dernier letzte 43; **au dernier moment** im letzten Moment; **l'année dernière** letztes Jahr 146

derrière hinter

des *voir* de

dès seit (+gén); **dès que** sobald

désagréable unangenehm

descendre (transports) aussteigen 44

désert die Wüste

désinfecter desinfizieren

désolé : je suis désolé es tut mir Leid

dessert die Nachspeise 67

dessin die Zeichnung

dessous darunter; **en dessous (de)** unterhalb (von)

dessus daroüber; **au-dessus (de)** überhalb (von)

destinataire der Empfänger

détendre (se) sich entspannen

détester hassen

devant vor

développer : faire développer (pellicule) entwickeln lassen 119

devenir werden

devoir müssen; **je dois** ich muss 140; **vous devriez** sie sollten 36

diabète der Diabetis

diapositive das Dia(positiv)

diarrhée : avoir la diarrhée Durchfall haben

dictionnaire das Wörterbuch

diesel der Diesel(kraftstoff)

différent (de) anders (als)

difficile schwierig

dimanche der Sonntag

diminuer abnehmen

dinde die Pute

dîner (n) das Abendessen

dîner (v) zu Abend essen

dire sagen; **vouloir dire** meinen; **comment dit-on … ?** wie sagt man…?; **ça te dit ?** sagt dir das zu?

direct direkt

directement direkt 87

direction (sens) die Richtung; (d'une entreprise) die Leitung; **en direction de …** in Richtung …

direction assistée die Servolenkung

discothèque die Disko(thek)

disparaître verschwinden 140

disputer (se) sich streiten

disquaire der Plattenhändler

disque die Platte

disque dur die Festplatte

disquette die Diskette

distributeur (automatique de billets) der Geldautomat 120, 121

divorcé geschieden

docteur der Arzt 134

document das Dokument

doigt der Finger

dommage : c'est dommage das ist schade

donc also

donner geben

dormir schlafen; **dormir à la belle étoile** unter freiem Himmel schlafen

dos der Rücken

douane der Zoll

doublé (film) nachvertont

doucement (délicatement) vorsichtig; (bas) leise; (lentement) langsam

douche die Dusche; **prendre une douche** eine Dusche nehmen

draguer anbaggern

drap das Laken

drapeau die Fahne

drogue die Droge

droit (n) das Recht; **avoir le droit de …** das Recht haben zu …

droit (adj) gerade

droit : (adv) **tout droit** geradeaus 29

droite rechts; **à droite (de)** rechts (von)

drôle (amusant) lustig; (étrange) seltsam

dur (solide) hart; (difficile) schwer

durée die Dauer

durer dauern 39, 94

E

eau das Wasser

échanger tauschen

écharde der Splitter

écharpe der Schal

échecs das Schachspiel

école die Schule

écouter hören

écrire schreiben 25, 53, 109, 130

effort die Anstrengung; **faire un effort** sich anstrengen

égal gleich; **ça m'est égal** das ist mir egal

église die Kirche

électrique elektrisch

elle sie

elles sie

e-mail die E-Mail

embarquement das Einchecken 42

embarquer einchecken 41

embêtant ärgerlich

embouteillage der Stau 45

embrasser (faire la bise) einen Begrüßungskuss geben

embrayage die Kupplung

émission die Sendung

emmener (en voiture) mitnehmen 46, 47

emplacement (de camping) der Platz 59

emporter mitnehmen; **à emporter** zum Mitnehmen

emprunter leihen

en in; **en France** in Frankreich; **en 2004** im Jahre 2004; **en allemand** auf Deutsch; **je vais en France** ich fahre nach Frankreich; **en voiture** mit dem Auto

enceinte schwanger 136

enchanté ! sehr erfreut!

encore noch; **pas encore** noch nicht; **encore plus** noch mehr

endormir (s') einschlafen

énervant ärgerlich

énerver ärgern

enfant das Kind

enfin endlich

enflé geschwollen

engueuler anschnauzen; **se faire engueuler** angeschnauzt werden

enlever entfernen

ennuyer (s') sich langweilen 35

enregistrement (des bagages) die Gepäckaufgabe 41

enregistrer (bagages) das Gepäck aufgeben

enrhumé : être enrhumé einen Schnupfen haben

ensemble zusammen

ensuite dann

entendre hören; **bien/mal s'enten-dre (avec quelqu'un)** sich gut/ schlecht (mit jemandem) verstehen

enterrement die Beerdigung

entier ganz; **en entier** ganz

entracte die Pause

entre : entre midi et 2 zwischen zwölf und zwei; **entre 3 et 5 jours** zwischen drei und fünf Tagen

entrée (lieu) der Eingang; (de repas) die Vorspeise; (prix) der Eintrittspreis

entrer hineingehen

enveloppe der Briefumschlag

envie : avoir envie de Lust haben zu
environ ungefähr **149**; dans les environs in der Umgebung
envoi die Sendung
envoyer schicken **123**
épaule die Schulter
épeler buchstabieren
épice das Gewürz
épicé scharf
épicerie das Lebensmittelgeschäft
épileptique epileptisch
épinards der Spinat
éponge der Schwamm
épouse die Ehefrau
épuisé erschöpft
équipe die Mannschaft
erreur der Fehler
escalade die Klettertour
escalier die Treppe
Espagne Spanien
Espagnol, -e der Spanier, die Spanierin
espérer hoffen; j'espère que … ich hoffe, dass …
essayer probieren; (vêtement) anprobieren **112**; essayer de faire quelque chose versuchen, etwas zu tun
essence das Benzin
est : à l'est (de) östlich (von)
estomac der Magen
et und
étage das Stockwerk
état der Zustand; l'État der Staat
États-Unis die Vereinigten Staaten
été der Sommer **22**
éteindre (cigarette) ausmachen; (appareil) ausschalten
étonner erstaunen
étranger (personne) der Ausländer; à l'étranger im Ausland
être sein

études das Studium; faire des études de … … studieren **31**
étudiant der Student **39**
euro der Euro
eurochèque der Euroscheck
Europe das Europa
européen europäisch
eux sie, ihnen
évanouir (s') ohnmächtig werden
évident offensichtlich
excédent de bagages das Übergepäck
excellent hervorragend
exceptionnel außergewöhnlich; rien d'exceptionnel nichts Außergewöhnliches **36**
excursion der Ausflug
excuse die Entschuldigung
excuser (s') sich entschuldigen; excusez-moi (pour attirer l'attention) Verzeihung; (pour s'excuser) Entschuldigung
exemple das Beispiel; par exemple zum Beispiel
expéditeur der Absender
expliquer erklären
exposition die Ausstellung
exprès absichtlich
express Eil-
expression der Ausdruck
expresso der Espresso
exprimer ausdrücken; s'exprimer sich ausdrücken
extraordinaire außerordentlich

face : en face (de) gegenüber (von)
fâché verärgert
facile (à) leicht (zu)
façon die Art; de toute façon jedenfalls
facteur der Briefträger

facture die Rechnung
faible schwach **135**
faim der Hunger; **avoir faim** Hunger haben **64**
faire tun; **ça fait 2 ans que …** es ist zwei Jahre her, dass …; **ça ne fait rien** das macht nichts
fait (n) die Tatsache; **en fait** tatsächlich; **au fait, …** übrigens, …
fait : (adj) **fait main** handgemacht
falaise die Klippe
falloir müssen; **il faut que …** man muss…
famille die Familie
farine das Mehl
fast-food das Schnellrestaurant
fatigant ermüdend
fatigué müde
faute der Fehler
fauteuil roulant der Rollstuhl
faux falsch
fax das Fax
félicitations ! herzlichen Glückwunsch!
femme die Frau
fenêtre das Fenster
fer à repasser das Bügeleisen
férié frei
ferme (n) der Bauernhof
fermé geschlossen
fermer schließen **123**
fermeture der Schluss
fermeture éclair® der Reißverschluss
ferry die Fähre
fesses der Po
festival das Festival
fête das Fest; **faire la fête** feiern
fête foraine der Jahrmarkt
fête nationale der Nationalfeiertag
feu das Feuer; **tu as du feu ?** hast du Feuer?; **au feu !** Feuer!
feuille das Blatt

feu rouge die rote Ampel
feux d'artifice das Feuerwerk
février der Februar
fiancé, -e der/die Verlobte
fiancé verlobt
fier (de) stolz (auf +acc)
fièvre das Fieber; **avoir de la fièvre** Fieber haben **136**
fille das Mädchen; (de parents) die Tochter
film der Film
fils der Sohn
fin (n) das Ende; **en fin de** gegen Ende; **à la fin de** am Ende von
fin (adj) fein
finalement schließlich
finir aufhören
flash der Blitz
flèche der Pfeil
fleur die Blume
fleuve der Fluss
flirt der Flirt
flou unscharf
foie die Leber
foire (fête foraine) der Jahrmarkt; (salon) die Messe
fois das Mal **32, 147**
folklorique Folklore-
foncé dunkel
fond der Grund; **au fond de** hinten in
football der Fußball
forêt der Wald
forfait (transports, ski) der Pauschalpreis
forme die Form; **en (pleine) forme** in Form
formidable fantastisch
formulaire das Formular **141**
fort (personne, goût) stark; (son) laut
fou verrückt
foulard das Halstuch

fouler : se fouler la cheville sich den Knöchel verstauchen

four der Ofen

fourchette die Gabel

fourmi die Ameise

fourrière der Abschleppdienst **140**

foutu aussichtslos

fracture der Bruch

fragile zerbrechlich

frais (temps, boisson) kalt ; (aliment) frisch

fraise die Erdbeere

framboise die Himbeere

Français, -e der Franzose, die Französin

France Frankreich

franchement ehrlich

frein die Bremse

frein à main die Handbremse

freiner bremsen

frère der Bruder

frigidaire® der Kühlschrank

frit frittiert

frites die Pommes frites

froid kalt; **il fait froid** es ist kalt; **j'ai froid** mir ist kalt; **prendre froid** sich erkälten

fromage der Käse

front die Stirn

frontière die Grenze

fruit das Obst

fruits de mer die Meeresfrüchte

fuite die Flucht

fumer rauchen

fumeur der Raucher; **non-fumeur** der Nichtraucher **69**

fusible die Sicherung

G

gâcher verderben

gagner (de l'argent) verdienen; (du temps) gewinnen

galerie die Galerie

gant der Handschuh

gant de toilette der Waschlappen

garage (pour garer) die Garage; (pour réparation) die Werkstatt **46**

garantie die Garantie

garçon (enfant) der Junge; (serveur) der Kellner

garder bewahren

gardien die Wache

gare der Bahnhof

garer (se) parken

gare routière der Busbahnhof

gâteau der Kuchen

gâteau sec der Keks

gauche links; **à gauche (de)** links (von)

gaz das Gas

gaze (bandage) die Wundgaze

gazeux (boisson) kohlensäurehaltig

gel (eau gelée) der Frost; (pour les cheveux) das Gel

gel douche das Duschgel

gêner stören

généraliste (médecin) der Allgemeinarzt

génial genial

genou das Knie

genre : quel genre de ... ? was für ...?

gens die Leute

gentil nett

glace (à manger) das Eis; (miroir) der Spiegel

glaçon der Eiswürfel

golf das Golfspiel

gorge der Hals

gothique gotisch

gourde die Feldflasche

goût der Geschmack

goûter (n) Kaffee und Kuchen

goûter (v) (essayer) probieren

gouttes (pour les oreilles, les yeux) die Tropfen
gouvernement die Regierung
grâce à dank (+gén)
gramme das Gramm
grand groß; (haut) hoch
Grande-Bretagne Großbritannien
grandir : j'ai grandi en France ich bin in Frankreich aufgewachsen
grand magasin das Kaufhaus
gras (adj) fett
gratuit kostenlos **88, 93**
grave ernst; **ce n'est pas grave** es ist nicht schlimm
Grec, Greque der Grieche, die Griechin
Grèce Griechenland
grillé gegrillt
grippe die Grippe
grippe intestinale die Darmgrippe
gris grau
gros groß
gros mot das Schimpfwort
groupe die Gruppe; (de musique) die Band
guêpe die Wespe
guérir gesund werden
guerre der Krieg
gueule de bois der Kater
guide der Führer
guide des spectacles der Veranstaltungskalender **87**
guitare die Gitarre
gynécologue der Frauenarzt

habiller (s') sich anziehen
habiter wohnen
habitude die Gewohnheit; **d'habitude** gewöhnlich;

avoir l'habitude (de) daran gewöhnt sein (, zu)
hamburger der Hamburger
hanche die Hüfte
handball der Handball
handicapé (adj) behindert **140**
haricots die Bohnen
haricots verts die grünen Bohnen
hasard der Zufall; **par hasard** zufällig; **au hasard** auf gut Glück
haschich das Haschisch
haut : (n) **en haut** oben
haut (adj) hoch
héberger unterbringen
hémorroïdes die Hämorrhoiden
herbe das Gras
hésiter zögern
heure die Stunde; **à quelle heure ?** um wie viel Uhr?; **à 5 heures** um fünf Uhr; **à l'heure** pünktlich; **à tout à l'heure** bis nachher
heure locale die Ortszeit
heureusement glücklicherweise
heureux glücklich
hier gestern; **hier soir** gestern abend
histoire die Geschichte
hiver der Winter
hollandais holländisch
Hollande Holland
homard der Hummer
homéopathie die Homöopathie
homme der Mann
homosexuel homosexuell
honnête ehrlich
hôpital das Krankenhaus
horaires (d'ouverture) die Öffnungszeiten; (de trains) die Abfahrtszeiten; (dépliant) der Stundenplan
horrible furchtbar
hors service außer Betrieb

hôtel das Hotel
hôtel de ville das Rathaus
huile (alimentaire) das Öl; (pour vélo) das Kettenöl; (pour voiture) das Motoröl
huître die Auster
humide feucht
humour der Humor
hypertension der hohe Blutdruck
hypotension der niedrige Blutdruck

ici hier; **d'ici** (lieu) aus der Gegend **30**; **d'ici un quart d'heure** binnen einer Viertelstunde
idée die Idee
il er; **il y a …** es gibt …; **il y a 2 ans** vor zwei Jahren **100**, **146**
île die Insel
ils sie
immeuble das Gebäude
imperméable (n) der Regenmantel
imperméable (adj) wasserdicht
important wichtig
importer : n'importe quoi irgendetwas; **faire/dire n'importe quoi** Unsinn machen/reden
impossible unmöglich
impression der Eindruck; **avoir l'impression que …** den Eindruck haben, dass...
impressionnant beeindruckend
imprimer drucken
incendie der Brand
indépendant unabhängig
indicatif (téléphonique) die Vorwahl **131**
industrie die Industrie
infection die Infektion
infirmière die Krankenschwester

informations (renseignements) die Auskünfte **93**; (nouvelles) die Nachrichten
initiales die Anfangsbuchstaben
inoubliable unvergesslich
inquiéter (s') sich Sorgen machen
inscrire (s') sich anmelden
insecte das Insekt
insecticide das Insektengift
insolation der Sonnenstich
insomnie die Schlaflosigkeit
instant der Augenblick
instrument (de musique) das Musikinstrument
insulte die Beleidigung
intelligent intelligent
intention : avoir l'intention de faire quelque chose vorhaben, etwas zu tun **33**
interdit verboten
intéressant interessant
intérieur : à l'intérieur innen **90**
international international
Internet das Internet **124**
intoxication alimentaire die Lebensmittelvergiftung
inutile unnötig
inventer erfinden
invité der Gast
inviter einladen
ironique ironisch
Italie Italien
Italien, -enne der Italiener, die Italienerin

jamais nie **100**, **103**
jambe das Bein
jambon der Schinken
janvier der Januar

Japon Japan

Japonais, -e der Japaner, die Japanerin

jardin der Garten

jaune gelb

jaune d'œuf das Eigelb

je ich

jean die Jeans

jetable Einweg-

jeter werfen; (à la poubelle) wegwerfen

jeu das Spiel

jeudi Donnerstag

jeune (n) der/die Jugendliche

jeune (adj) jung

jeu vidéo das Videospiel

jogging (sport) das Jogging; (tenue) der Jogginganzug

joli hübsch

jouer spielen; **jouer au tennis/de la guitare** Tennis/Gitarre spielen; **ça se joue à …** das spielt man zu …

jouet das Spielzeug

jour der Tag; **de nos jours** heutzutage

jour férié der Feiertag

journal die Zeitung

journée der Tag

juillet der Juli

juin der Juni

jumelles (pour voir) das Fernglas

jupe der Rock

jus de fruit der Saft

jus d'orange der Orangensaft

jusqu'à bis **88**

juste (équitable) gerecht; **tout juste** gerade eben; **juste avant** kurz vorher

kayak das Kajak

kilomètre der Kilometer

kiosque à journaux der Zeitungskiosk

Kleenex® das Papiertaschentuch

K-way® das Regencape

la (article) der, die, das; (pronom) sie, ihr (voir grammaire)

là da

là-bas dort

lac der See

lacets die Schnürsenkel

là-haut da oben

laine die Wolle

laisser (permettre) lassen **90**; (abandonner) verlassen **58**; **laisser tranquille** in Ruhe lassen; **laisser tomber** es gut sein lassen

lait die Milch

lait après-soleil die Aftersunlotion

lait écrémé die Magermilch

lait entier die Vollmilch

lait hydratant die Feuchtigkeitsmilch

laitue der Kopfsalat

lame de rasoir die Rasierklinge

lampe die Lampe

lampe de poche die Taschenlampe

langouste die Languste

langue (organe) die Zunge; (langage) die Sprache

lapin das Kaninchen

large breit

lavabo das Waschbecken

lave-vaisselle die Spülmaschine

laver waschen; **se laver** sich waschen; **se laver les dents** sich die Zähne putzen; **se laver les cheveux** sich die Haare waschen

laverie der Waschsalon

le (article) der, die, das; (pronom) ihn, ihm (voir grammaire)

léger leicht
légume das Gemüse
légumes secs getrocknete Hülsenfrüchte
légumes verts das Frischgemüse
lentement langsam
lentilles (légume) die Linsen; (de contact) die Kontaktlinsen
les (article) die; (pronom) sie, ihnen (voir grammaire)
lessive das Waschpulver; **faire la lessive** waschen
lettre (de l'alphabet) der Buchstabe; (courrier) die Post
leur (adj possessif) ihr, ihre; (pronom personnel) ihnen; **le/la leur** ihrer, ihre, ihres (voir grammaire)
levée (de poste) die Leerung 123
lever (se) aufstehen
lever du soleil der Sonnenaufgang
lèvre die Lippe
librairie die Buchhandlung
libre frei 40
lieu der Ort; **au lieu de** anstatt
ligne de bus die Buslinie
ligne de métro die U-Bahnlinie 44
limonade die Limonade
linge : linge sale die schmutzige Wäsche
liqueur der Likör
liquide : payer en liquide bar bezahlen
liquide vaisselle das Spülmittel
lire lesen
lit das Bett
litre der Liter
livre das Buch
location (de maison) die Miete; (de voiture) die Vermietung
logement die Wohnung
loin weit 28; **loin de** weit von
longtemps lang 144
lorsque als

louer (prendre en location) mieten 46, 100, 102; (donner en location) vermieten
lourd schwer; (temps) schwül
loyer die Miete
lui ihn, ihr, ihm (voir grammaire)
lumière das Licht
lundi Montag
lune der Mond
lune de miel die Flitterwochen
lunettes die Brille
lunettes de soleil die Sonnenbrille

M

machine à laver die Waschmaschine
Madame Frau
Mademoiselle Fräulein
magasin das Geschäft
magazine das Magazin
magnifique großartig
mai der Mai
maigre mager
maillot de bain (d'homme) die Badehose; (de femme) der Badeanzug
main die Hand
maintenant jetzt
mairie das Rathaus
mais aber
maïs der Mais
maison das Haus; **à la maison** zu Hause
maître nageur der Bademeister
mal : (n) **avoir mal** Schmerzen haben 136; **avoir mal au cœur** Übelkeiten empfinden; **avoir mal à la tête/à la gorge/au ventre** Kopfschmerzen/ Halsschmerzen/Bauchschmerzen haben; **avoir le mal de mer** seekrank sein; **avoir du mal à** Schwierigkeiten haben zu 25

mal (adv) schlecht; **pas mal** (assez) ziemlich, ziemlich viel

malade krank

maladie die Krankheit

malentendu das Missverständnis

malheureusement unglücklicherweise

malpoli unhöflich

manche der Ärmel; **sans manches** ärmellos; **en/à manches courtes** kurzärmelig

mandat international die internationale Überweisung

manger essen **64**

manière die Art; **de toute manière** sowieso

manquer fehlen; **il (me) manque 2 …** es fehlen mir zwei … **41, 142; tu me manques** ich vermisse dich

manteau der Mantel

marchand der Händler

marchand de journaux der Zeitungsverkäufer

marchandise die Ware

marche (d'escalier) die Stufe; (à pied) das Wandern **101; faire de la marche** wandern

marché der Markt

marche arrière der Rückwärtsgang

marche avant der Vorwärtsgang

marcher (à pied) (zu Fuß) gehen; (fonctionner) funktionieren **53, 56, 119**

mardi Dienstag

marée basse die Ebbe

marée haute die Flut

mari der Ehemann

mariage die Hochzeit

marié verheiratet

marre : en avoir marre de quelque chose etwas satt haben

marron (n) (fruit) die Esskastanie

marron (adj) braun

mars der März

match das Spiel

matelas die Matratze

matelas pneumatique die Luftmatratze

matériel das Material

matin der Morgen

mauvais schlecht; **il fait mauvais** das Wetter ist schlecht

maximum das Maximum

mayonnaise die Mayonnaise

me mich, mir (voir grammaire)

mec der Typ

méchant böse

médecin der Arzt **134**

médicament das Medikament

médiéval mittelalterlich

meilleur besser; **le meilleur** der beste; **meilleur que …** besser als …

mélanger mischen

melon die Honigmelone

même : le/la même der-/die-/dasselbe, der-/die/das gleiche **69; même eux** sogar sie; **même si** selbst wenn; **moi-/ lui-même** ich/er selbst

mémoire das Gedächtnis

ménage der Haushalt **59; faire le ménage** putzen

mentir lügen

menton das Kinn

menu (formule à prix fixe) das Menü; (carte) die Speisekarte

mer das Meer; **la mer Méditerranée** das Mittelmeer; **la mer du Nord** die Nordsee; **la mer baltique** die Ostsee

merci danke; **merci beaucoup** vielen Dank; **non merci** nein danke

mercredi Mittwoch

mère die Mutter
merveilleux wunderbar
mes meine
message die Nachricht **129**
messe der Gottesdienst
métier der Beruf
mètre der Meter
métro die U-Bahn
mettre (à l'horizontale) legen;
(à la verticale) stellen
micro-ondes die Mikrowelle
midi der Mittag
miel der Honig
mien : le mien/la mienne meiner,
meine, meines (voir grammaire)
mieux besser **136**; **mieux que …**
besser als …
mignon süß
milieu die Mitte; **au/en milieu (de)**
mitten (in)
minérale Mineral-
minimum das Minimum
minuit die Mitternacht
minute die Minute **148**
mobylette® das Mofa
moche hässlich
mode die Mode; **à la mode** modisch
moderne modern
moi ich, mich, mir (voir grammaire)
31, 66
moins weniger **111, 148,151**; **au moins**
mindestens; **moins que** weniger als;
moins le quart Viertel vor
mois der Monat **136, 146**
moitié die Hälfte
moment der Moment; **un moment**
einen Augenblick; **en ce moment**
im Moment; **pour le moment**
momentan; **à ce moment-là**
in diesem Fall

mon, ma mein, meine, mein
(voir grammaire)
monastère das Kloster
monde die Welt; **tout le monde** alle;
du monde Leute **35**
monnaie (devise) die Währung; **faire de
la monnaie** in Kleingeld wechseln
110, 128; **rendre la monnaie**
herausgeben **109**
monoski der Monoski
Monsieur Herr
montagne der Berg
montre die Uhr
montrer zeigen **28, 57, 93**
monument das Denkmal
morceau das Stück; **un morceau de …**
ein Stück …
morsure der Biss
mort (adj) tot
mosquée die Moschee
mot das Wort; (note écrite) der Zettel
moteur der Motor
moto das Motorrad
mouche die Fliege
mouchoir (en papier) das
Papiertaschentuch; (en tissu)
das Stofftaschentuch
mouette die Möwe
mouillé nass
moules die Miesmuscheln
moulin die Mühle
mourir sterben
mousse à raser der Rasierschaum
moustache der Schnurrbart
moustique der Moskito
moutarde der Senf
mouton das Lamm
moyen (n) das Mittel
moyen (adj) mittel; **durée moyenne**
die Durchschnittsdauer

Moyen-Âge das Mittelalter
muet stumm
mur (à l'intérieur) die Wand; (à l'extérieur) die Mauer
mûr reif
muscle der Muskel
musée das Museum
musique die Musik
musulman muslimisch

N

nager schwimmen
naître geboren werden; **je suis né le …/en …** ich bin am …/im Jahre … geboren
natation das Schwimmen
nationalité die Staatsangehörigkeit
nature die Natur
nausée : avoir la nausée Übelkeit empfinden
navette das Shuttle
nécessaire nötig
négatif (photographique) das Negativ
neige der Schnee
neiger schneien
Nescafé® der Nescafé
nettoyer putzen
neuf neu
nez die Nase
ni … ni … weder … noch …
Noël die Weihnachten; **joyeux Noël !** frohe Weihnachten!
noir schwarz; **noir et blanc** schwarzweiß
noisette (fruit) die Haselnuss; (café) der Kaffee mit einem Schuss Milch
noix die Walnuss
nom der Name
nom de famille der Nachname

nom de jeune fille der Mädchenname
non nein; **moi non plus** ich auch nicht
nord : au nord (de) nördlich (von)
normal normal
nos unsere
note (facture) die Rechnung
noter (écrire) schreiben
notre unser, unsere, unser (voir grammaire)
nôtre : le/la nôtre der/die/das unsere
nourriture die Nahrung
nous wir, uns
nouveau neu; **à nouveau** wieder
Nouvel An das Neujahr
nouvelle : bonne/mauvaise nouvelle die gute/die schlechte Nachricht; **les nouvelles** die Nachrichten
novembre der November
noyer (se) ertrinken
nu nackt
nuage die Wolke
nuit die Nacht; **bonne nuit** gute Nacht
nul langweilig; **nulle part** nirgendwo
numéro die Nummer
numéro de téléphone die Telefonnummer
numéro d'immatriculation das Kennzeichen

O

objectif (photographique) das Objektiv
occasion der Anlass; **d'occasion** gebraucht
occupé (téléphone, WC) besetzt **131**; (personne) beschäftigt
occuper beschäftigen; **s'occuper de quelqu'un/quelque chose** für jemanden/etwas sorgen
océan der Ozean
octobre der Oktober

odeur der Geruch
œil das Auge
œuf das Ei
œuf à la coque das Frühstücksei
œuf dur das hart gekochte Ei
œufs brouillés das Rührei
œuf sur le plat das Spiegelei
œuvre d'art das Kunstwerk
office de tourisme die Touristeninformation
offrir schenken **114**
oignon die Zwiebel
oiseau der Vogel
ok ok, in Ordnung
olives die Oliven
ombre der Schatten; **à l'ombre** im Schatten
on man; **on dit que …** man sagt …
oncle der Onkel
ongle der Nagel
opéra die Oper
opérer operieren; **se faire opérer** operiert werden
opinion die Meinung
opticien der Optiker
or (métal) das Gold; **en or** golden
orage das Gewitter
orange (n) (fruit) die Orange
orange (adj) orangefarben
orchestre das Orchester
ordinateur der Computer
ordinateur portable der Laptop
ordures der Abfall
oreille das Ohr
oreiller das Kissen
organiser organisieren
original originell, original
origine die Herkunft; **être d'origine …** aus … stammen

os der Knochen
oser wagen zu
ou oder
où wo; **où est … ?** wo ist …?; **où sont … ?** wo sind …?; **où vas-tu ?** wohin gehst du?; **d'où viens-tu ?** woher kommst du?
oublier vergessen **26, 41**
ouest : à l'ouest (de) westlich (von)
oui ja
ouvert geöffnet
ouvre-boîtes der Dosenöffner
ouvre-bouteilles der Flaschenöffner
ouvrir öffnen

page die Seite
pain das Brot
paix der Frieden
palais der Palast
pâle blass
pamplemousse die Grapefruit
panne die Panne; **tomber en panne** eine Panne haben **46**; **être en panne d'essence** kein Benzin mehr haben **46**
panneau (de signalisation) das Schild
pansement das Pflaster
pantalon die Hose
papeterie das Schreibwarengeschäft
papier das Papier
papier à cigarette das Zigarettenpapier
papier alu die Aluminiumfolie
papier-cadeau das Geschenkpapier
papiers (d'identité) die Ausweispapiere
papier-toilette das Toilettenpapier
Pâques Ostern; **joyeuses Pâques !** frohe Ostern!

paquet das Paket; (de cigarettes) die Schachtel

paraître : il paraît que … es scheint, dass …

par pro; **par jour/heure** pro Tag/Stunde

parapluie der Regenschirm

parasol der Sonnenschirm

parc der Park

parc d'attractions der Vergnügungspark

parce que weil

pardon (je m'excuse) Entschuldigung; (s'il vous plaît) Verzeihung

pare-brise die Windschutzscheibe

pare-chocs die Stoßstange

pareil gleich

parents die Eltern

parfait perfekt

parfum (cosmétique) das Parfüm; (arôme) das Aroma

parking der Parkplatz

parler sprechen 23, 25, 128, 140

parmi unter

partager teilen 67

partie der Teil; **faire partie de** gehören zu

partir weggehen 43; **à partir de** ab

partout überall

pas nicht; **pas du tout** überhaupt nicht

passage : être de passage auf der Durchreise sein 32

passager der Passagier

passé (n) die Vergangenheit

passeport der Reisepass 54

passer (du temps) verbringen; **je suis passé vers 6h** ich bin gegen sechs Uhr vorbeigekommen; **passer prendre quelqu'un** jemanden abholen; **passer un coup de téléphone** anrufen; **se passer de** verzichten auf

passionnant faszinierend

pastèque die Wassermelone

pâté die Pastete

pâte der Teig

pâtes die Nudeln

pâtisserie (gâteau) das Gebäck; (magasin) die Bäckerei

patron der Chef

pauvre arm

payant gebührenpflichtig

payer bezahlen

pays das Land

paysage die Landschaft

Pays-Bas Holland

PCV : appeler en PCV ein R-Gespräch führen 128

péage die Mautstelle

peau die Haut

pêche (fruit) der Pfirsich

pêcher angeln

peigne der Kamm

peine der Kummer; **à peine** kaum; **ça vaut la peine** es lohnt sich

peintre der Maler, die Malerin

peinture die Malerei

peler (peau) schälen

pellicule (photo) der Film 118

pendant während (+gén); **pendant une heure** eine Stunde lang; **pendant que** während

penser denken 55, 113; **penser à** denken an

pension complète die Vollpension

perdre verlieren 46, 140; **se perdre** (à pied) sich verlaufen; (en voiture) sich verfahren 28; **être perdu** sich verirren 28; **perdre du temps** Zeit verlieren

père der Vater

périmé abgelaufen

permettre erlauben

permis de conduire der Führerschein

personne (n) die Person **54, 111**

personne (pronom) niemand

petit klein; **petit à petit** nach und nach

petit déjeuner (n) das Frühstück

petit gâteau das Plätzchen

petits pois die Erbsen

peu wenig; **peu de monde** wenige Leute; **un peu (de)** ein bisschen **27, 111**; **à peu près** ungefähr **26**

peur die Angst; **avoir peur (de)** Angst haben (vor)

peut-être vielleicht

phare (tour) der Leuchtturm; (de véhicule) der Scheinwerfer

pharmacie die Apotheke

photo das Foto **118**; **prendre en photo** fotografieren; **prendre une photo** ein Foto machen

photocopie die Fotokopie; **faire une photocopie** eine Fotokopie machen

phrase der Satz

pièce (monnaie) die Münze; (lieu) der Raum

pièce de rechange das Ersatzteil

pièce de théâtre das Theaterstück

pied der Fuß; **à pied** zu Fuß

pierre der Stein

piéton der Fußgänger

pile die Batterie; **3h pile** punkt drei Uhr

pilule die Pille; **prendre la pilule** die Pille nehmen **136**

pilule du lendemain die Pille danach

piment die Peperoni

pince à épiler die Pinzette

pipe die Pfeife

pipi : faire pipi Pipi machen

pique-nique das Picknick

pique-niquer picknicken

piquer stechen; **se faire piquer** gestochen werden **135**

piqûre (injection) die Spritze; (d'insecte) der Stich

pire schlimmer; **c'est pire (que)** das ist schlimmer (als)

piscine das Schwimmbad

piste cyclable der Fahrradweg **103**

pizzeria die Pizzeria

place (siège) der Sitz; (lieu public) der Platz; **il n'y a plus de place** es ist voll; **sur place** vor Ort

place de parking der Parkplatz

plage der Strand

plaie die Wunde

plaindre (se) sich beklagen

plaire gefallen; **s'il te/vous plaît** bitte; **ça me plaît** das gefällt mir

plaisanter scherzen

plaisir das Vergnügen; **faire plaisir à quelqu'un** jemandem eine Freude machen

plan (carte) der Plan **28, 43, 93**

planche à voile das Windsurfbrett

planche de surf das Surfbrett

plante die Pflanze

plaque électrique die Herdplatte

plaqué or vergoldet

plastique das Plastik

plat (n) (récipient) die Platte; (préparation) das Gericht

plat (adj) flach; **eau plate** das Leitungswasser **67**

plat de résistance das Hauptgericht

plat du jour das Tagesgericht

plâtre : avoir un plâtre einen Gipsverband haben

plein (adj) voll; **plein de** voll von (+dat)

plein : faire le plein (d'essence) voll tanken **45**

pleurer weinen

pleuvoir regnen; **il pleut** es regnet

plombage die Zahnfüllung

plombier der Klempner

plongée (sous-marine) das Tauchen; **faire de la plongée** tauchen **103**

pluie der Regen

plupart : la plupart (de) die meisten

plus mehr; **il n'y a plus de pain** es gibt kein Brot mehr; **moi non plus** ich auch nicht; **plus que** mehr als; **à plus tard !** bis später!

plusieurs mehrere

plutôt eher

pneu der Reifen

poche die Tasche

poêle die Pfanne

poignet das Handgelenk

poil das Haar

point der Punkt; **être sur le point de ...** kurz davor sein ...; **à point** gar

point de repère der Orientierungspunkt

pointure die Schuhgröße

poire die Birne

poireau der Lauch

pois die Erbse

pois chiches die Kichererbsen

poisson der Fisch

poissonnerie die Fischhandlung

poitrine die Brust

poivre der Pfeffer

poivron der Paprika

poli höflich

police die Polizei

policier der Polizist

pollution die (Umwelt)verschmutzung

pommade die Salbe

pomme der Apfel

pomme de terre die Kartoffel

pompe à vélo die Luftpumpe

pompiers die Feuerwehr

pont die Brücke

porc das Schwein

port der Hafen

portable (téléphone) das Handy **129**; (or-dinateur) der Laptop

porte die Tür; (d'aéroport) der Flugsteig

portefeuille die Brieftasche

porte-monnaie der Geldbeutel

porter tragen

portrait das Porträt

Portugais, -e der Portugiese, die Portugiesin

Portugal Portugal

possible möglich **54, 55**; **le plus tôt possible** so früh wie möglich

poste die Post **123**

poste restante das Postfach

pot (de confiture) das Marmeladenglas; (pour plantes) der Topf; (pour enfants) das Gläschen

potable trinkbar; **non potable** nicht trinkbar

pot d'échappement der Auspuff

poubelle der Mülleimer **59**; **mettre à la poubelle** wegwerfen

poudre das Pulver

poule das Huhn

poulet das Hühnchen

poumon die Lunge

pour für **55, 65**; **pour faire quelque chose** um etwas zu machen; **pour cent** Prozent

pourboire das Trinkgeld
pourquoi warum
pousser schieben
poussette der Kinderwagen
pouvoir können
pratique praktisch
précédent vorhergehend
préféré Lieblings-
préférer vorziehen
premier erste, erster, erstes
prendre (avion, médicament) nehmen; **ça prend 2 heures** es dauert zwei Stunden
prénom der Vorname
préparer vorbereiten; (repas) zubereiten
près nah; **tout près de** ganz nahe bei
présenter vorstellen; **je te présente …** ich stelle dir … vor
préservatif das Kondom
préservé geschützt
président der Präsident
presque fast
pressé : être pressé es eilig haben **144**
pressing die Reinigung
pression (bière) das Fassbier; (pneu) der Druck
prêt fertig; **être prêt** fertig sein; **être prêt à** bereit sein zu
prêter leihen **60**
prêtre der Pfarrer
prévenir benachrichtigen
prévisions météo die Wettervorhersage **36**
prévoir (activité) planen **85**; (temps) vorhersagen **37**
prier : je t'/vous en prie gern geschehen
principal Haupt-
printemps der Frühling

prise (électrique) die Steckdose
prison das Gefängnis
privé privat
prix der Preis
probablement wahrscheinlich
problème das Problem **125**
procession die Prozession
prochain : le prochain train der nächste Zug **43**; **à une prochaine !** bis zum nächsten Mal!
proche nah; **le plus proche** der/die/das nächste **140**
produit das Produkt
professeur der Lehrer
profession der Beruf
profiter de genießen
profond tief
programme (de télévision, des spectacles) das Programm
progrès der Fortschritt; **faire des progrès** Fortschritte machen
promener (se) spazieren; **aller se promener** spazieren gehen
promettre versprechen
promotion das Sonderangebot
prononcer aussprechen
proposer vorschlagen
propre sauber; **vos propres affaires** eure eigenen Sachen
propriétaire der Besitzer, die Besitzerin
protéger schützen; **se protéger** sich schützen
protestant evangelisch, protestantisch
prudent vorsichtig
prune die Pflaume
public (n) das Publikum
public (adj) öffentlich; **le service public** der öffentliche Dienst
publicité die Werbung
puisque da

pull der Pullover
pyjama der Schlafanzug

quai (de gare, de métro) der Bahnsteig; (de port) der Kai
qualité die Qualität; **de bonne qualité** Qualitäts-
quand wenn; **quand repartez-vous ?** wann reisen Sie ab?; **quand même** trotzdem
quart das Viertel; **un quart d'heure** eine Viertelstunde
quartier das Viertel
que dass; (seulement) nur; **que faites-vous ?** was machen Sie?; **qu'est-ce que … ?** was…?; **plus petit que** kleiner als; **je pense que …** ich denke, dass …
quel welcher, welche, welches
quelque chose etwas **85**, **88**, **90**, **113**, **138**, **146**
quelquefois manchmal
quelque part irgendwo
quelques einige
quelques-uns einige
quelqu'un jemand
question die Frage; **poser une question** eine Frage stellen
queue (d'animal) der Schwanz; (file) die Schlange; **faire la queue** sich anstellen
qui (pronom interrogatif) wer; (pronom relatif) der, die, das
quitter (une personne) verlassen; (un lieu) abreisen; **ne quittez pas** bleiben Sie dran
quoi was; **il n'y a pas de quoi** gern geschehen
quoique obwohl

rabais : faire un rabais einen Preisnachlass gewähren **108**
raccourci die Abkürzung
raconter erzählen
radiateur die Heizung
radio (transistor) das Radio; (rayons X) das Röntgen
rage de dents das Zahnweh
raides (cheveux) glatt
raisin die Traube
raisins secs die Rosinen
raisonnable vernünftig
râler schimpfen
randonnée die Wanderung **101**; **faire de la randonnée** wandern
ranger aufräumen
rapatrier überführen
rapide schnell
rappeler (au téléphone) zurückrufen **130**; **se rappeler** sich erinnern; **ça me rappelle …** das erinnert mich an …
raquette der Schläger
rare selten
rarement selten
raser (se) sich rasieren
rasoir der Rasierer
rasoir électrique der Elektrorasierer
rater (train, avion) verpassen **41**, **44**
ravi erfreut; **ravi de faire votre connaissance** ich freue mich, Sie kennen zu lernen
rayon (d'un magasin) die Abteilung **110**, **112**
rayons X das Röntgen
réalité die Wirklichkeit; **en réalité** in Wirklichkeit
récemment neulich

récent neu

réception (d'un hôtel) die Rezeption; (sur portable) der Empfang **131, 132**; **à la réception** an der Rezeption **58**

réceptionniste der/die Empfangsangestellte

recette das Rezept

recevoir empfangen

rechange : ... de rechange Ersatz- **59**

recharger (portable) aufladen **129, 132**

recommandé : en recommandé per Einschreiben

recommander empfehlen **55, 64, 66**

reconnaissant dankbar

reconnaître erkennen

reçu die Quittung **109, 137**

réduction die Ermäßigung **39, 94**

réfléchir überlegen **112**

réfrigérateur der Kühlschrank

refuge die Zuflucht

refuge de montagne die Berghütte

refuser ablehnen

regarder anschauen

régime die Diät; **être au régime** Diät halten

région die Gegend; **dans la région** in der Gegend

règles die Regelblutung; **avoir ses règles** seine Tage haben

regretter bedauern

rein die Niere

reine die Königin

rejoindre sich treffen mit **32, 87**

religieuse (n) die Nonne

religion die Religion

remarquer bemerken

rembourser zurückerstatten; **se faire rembourser** sich etwas zurücker- statten lassen **137**

remercier danken

remontée mécanique der Skilift

remparts die befestigte Stadtmauer

remplir füllen; (formulaire) ausfüllen **54, 141, 142**

rencontrer treffen; **se rencontrer** sich treffen

rendez-vous die Verabredung; **prendre un rendez-vous** einen Termin ausmachen **134**; **se donner rendez-vous** sich verabreden; **avoir rendez-vous** (avec) verabredet sein (mit) **135**

rendre zurückgeben

renseignement die Auskunft **93**; **les renseignements** die Auskunft

rentrer (à la maison) nach Hause gehen

renverser umkippen; **se faire renverser** überfahren werden

réparer reparieren **46**; **faire réparer** reparieren lassen

repas die Mahlzeit

repasser (vêtement) bügeln

répéter wiederholen **25, 128**

répondeur der Anrufbeantworter

répondre antworten

réponse die Antwort

reposer (se) sich ausruhen

réservé reserviert

réserver reservieren **39, 54, 55, 65, 88**

ressembler : ressembler à quelqu'un jemandem ähneln; **se ressembler** sich ähnlich sehen

restaurant das Speiselokal, das Restaurant

reste der Rest; **le reste** der Rest

rester bleiben **54, 55**; **est-ce qu'il reste des places ?** sind noch Plätze frei?

retard die Verspätung; **en retard** verspätet **87**

retardé verspätet

retirer (de l'argent) abheben

retour die Rückfahrt; **être de retour** zurück sein **130, 149**

retrait des bagages die Gepäck

retraite der Ruhestand; **être à la retraite** im Ruhestand sein **31**

retraité, -e der Rentner, die Rentnerin

retrouver (se) (rendez-vous) sich treffen **86**

réunion die Versammlung

rêve der Traum

réveil der Wecker

réveiller wecken; **se réveiller** aufwachen

revenir zurückkommen

rêver träumen

revoir (se) sich wiedersehen; **au revoir** auf Wiedersehen

revue die Zeitschrift

rez-de-chaussée das Erdgeschoss

rhum der Rum

rhumatismes der Rheumatismus

rhume der Schnupfen **138**

rhume des foins der Heuschnupfen

riche reich

rien nichts

rigoler scherzen

rire (v) lachen

risque das Risiko

risquer : il risque de … es droht zu … **37**

rivière der Fluss

riz der Reis

robe das Kleid

robinet der Wasserhahn

robinet d'arrêt der Haupthahn

rocher der Felsen

roi der König

rollers die Inlineskates

roman (n) der Roman

roman (adj) romanisch

romantique romantisch

rond-point der Kreisverkehr

ronfler schnarchen

rose (n) (fleur) die Rose

rose (adj) rosafarben

rosé (vin) der Roséwein

roue das Rad

roue de secours das Reserverad

rouge rot

rouge à lèvres der Lippenstift

route die Straße

rouvrir wieder öffnen

roux rothaarig

Royaume-Uni das Vereinigte Königreich

rue die Straße

rue piétonne die Fußgängerzone

ruines die Ruinen; **en ruines** verfallen

Russe der Russe, die Russin

Russie Russland

sable der Sand

sac die Tasche

sac à dos der Rucksack

sac à main die Handtasche

sac de couchage der Schlafsack

sachet de thé der Teebeutel

sac plastique die Plastiktüte **109**

sac poubelle der Müllsack

sage brav

saignant blutig

saigner bluten

saison die Jahreszeit

salade der Salat

sale schmutzig

salé gesalzen

salir verschmutzen; **se salir** sich schmutzig machen

salle der Saal

salle de bains das Badezimmer

salle de cinéma der Kinosaal

salle de concert der Konzertsaal

salon das Wohnzimmer

salut ! (bonjour) hallo!; (au revoir) tschüss!

samedi Samstag

sandales die Sandalen

sandwich das belegte Brot

sang das Blut

sanitaires die Sanitäranlagen

sans ohne

santé die Gesundheit; **être en bonne santé** sich guter Gesundheit erfreuen; **santé !** prost!

sardine (poisson) die Sardine; (de tente) der Häring

sauce die Soße

saucisse die Wurst

saucisson die Hartwurst

sauf außer

saumon der Lachs

sauvage wild

sauvegarder speichern

savoir wissen; **savoir nager** schwimmen können

savon die Seife

science die Wissenschaft

scooter der Motorroller

Scotch® das Klebeband

sculpture die Skulptur

sec trocken

sèche-cheveux der Haartrockner

sécher trocknen; **faire sécher** (linge) trocknen

seconde die Sekunde

secours die Hilfe; **au secours !** Hilfe!; **appeler au secours** um Hilfe rufen

secret das Geheimnis

secrétaire der Sekretär, die Sekretärin

sécurité die Sicherheit; **en sécurité** in Sicherheit

sein die Brust

séjour der Aufenthalt

sel das Salz

semaine die Woche; **en semaine** unter der Woche; **toute la semaine** die ganze Woche

sens (direction) die Richtung; (signification) der Sinn

sensible sensibel

sentier der Pfad **101, 102**

sentiment das Gefühl

sentir (percevoir) fühlen; (dégager une odeur) riechen, **sentir bon/mauvais** gut/schlecht riechen; **se sentir bien/mal** sich gut/schlecht fühlen **135**

séparément getrennt

séparer trennen; **se séparer** sich trennen

septembre der September

sérieux ernst

serré dicht

serrure das Schloss

serveur, -euse der Kellner, die Kellnerin

service (pourboire) das Trinkgeld; **rendre un service** einen Gefallen tun

serviette (de toilette) das Handtuch; (de table) die Serviette

serviette en papier die Papierserviette

serviette hygiénique die Binde

servir : servir à dienen zu; **se servir de quelque chose** etwas benutzen

ses (possesseur masculin) seine; (possesseur féminin) ihre

seul allein; **un seul** nur ein

seulement nur

sexe (sexualité) der Sex; (genre) das Geschlecht

shampooing das Shampoo

shopping der Einkaufsbummel; **aller faire du shopping** einen Einkaufsbummel machen

short die kurze Hose

si wenn; (oui) doch

sida das Aids

siècle das Jahrhundert; **au XIXᵉ siècle** im neunzehnten Jahrhundert

sien : le sien/la sienne (possesseur féminin) der/die/das Seine; (possesseur féminin) der/die/das Ihre

sieste der Mittagsschlaf; **faire la sieste** einen Mittagsschlaf machen

signer unterschreiben **110**, **142**

signifier bedeuten

silence die Ruhe

simple einfach

sinon sonst

sirop der Sirup

site Internet die Website

situation die Lage, die Situation

ski der Ski; **faire du ski** Ski laufen

ski nautique der Wasserski

slip die Unterhose

slip de bain die Badehose

société die Gesellschaft

sœur die Schwester

soie die Seide

soif der Durst; **avoir soif** Durst haben

soir der Abend; **ce soir** heute Abend; **le soir** abends

soirée (soir) der Abend; (fête) das Fest **90**; **dans la soirée** im Lauf des Abends

sol der Boden

solde : en solde reduziert; **les soldes** der Ausverkauf

soleil die Sonne; **au soleil** in der Sonne

sommeil : avoir sommeil müde sein

sommet der Gipfel

somnifère das Schlafmittel

son (n) der Ton

son, sa (possesseur masculin) sein, seine, sein; (possesseur féminin) ihr, ihre, ihr (voir grammaire)

sortie der Ausgang; (d'autoroute) die Ausfahrt

sortie de secours der Notausgang

sortir ausgehen **84**; **sortir avec quelqu'un** mit jemandem ausgehen; **sortir les poubelles** die Mülltonnen hinausstellen

souci die Sorge; **se faire du souci** sich Sorgen machen

souffrir leiden

souhait der Wunsch; **à tes/vos souhaits !** Gesundheit!

soûl betrunken

soupe die Suppe

sourd taub

sourire (v) lächeln

souris die Maus

sous unter

sous-titré mit Untertitel

sous-vêtements die Unterwäsche

soutien-gorge der Büstenhalter

souvenir (n) das Reiseandenken

souvenir : (v) se souvenir (de) sich erinnern (an)

souvent oft; **pas souvent** selten

sparadrap das Klebeband

spécial speziell

spécialité die Spezialität

spectacle das Schauspiel

sport der Sport

sportif (adj) sportlich

stade das Stadion

stand der Stand

standardiste das Telefonist,
die Telefonistin

station de métro (lieu) die
U-Bahnstation; (arrêt) die Haltestelle

station de ski der Skiort

station-service die Tankstelle 45

statue die Statue

steak das Steak

stérilet die Spirale

stop der Halt 47; **faire du stop**
per Anhalter reisen

studio (appartement) die
Einzimmerwohnung

style der Stil

stylo der Stift

sucre der Zucker

sucré gezuckert

sud : au sud (de) im Süden von

suffire ausreichen; **ça suffit** das reicht;
il suffit de … man muss nur …

suivant folgend

suivre folgen 140; **faire suivre**
nachschicken

super (n) (essence) der Superkraftstoff

super (adj) toll

superbe großartig

supermarché der Supermarkt

supplément der Zuschlag

supplémentaire zusätzlich

supporter ertragen; **je ne supporte
pas …** ich kann nicht … ertragen

suppositoire das Zäpfchen

sur (dessus) auf; (au-dessus de) über

sûr sicher

surf das Surfen

surfer surfen

surgelé Tiefkühl-; **les surgelés** die
Tiefkühlkost

surnom der Spitzname

surprise die Überraschung

surveiller überwachen 140

sympa nett

synagogue die Synagoge

syncope die Ohnmacht 136

Tabac (à fumer) der Tabak; (magasin)
das Tabakgeschäft

table der Tisch

tableau (d'art) das Gemälde

tache der Fleck

taie d'oreiller der Kissenbezug

taille (grandeur) die Größe; (partie
du corps) die Taille

talon : chaussures à talons die Schuhe
mit Absatz

tampon (hygiénique) das Tampon

tant soviel; **tant mieux** umso besser;
tant pis macht nichts

tante die Tante

taper (à l'ordinateur) tippen

tapis der Teppich

tapis de sol die Matte

tard spät; **à plus tard !** bis später!; **trop
tard** zu spät 144

tarif der Tarif; **plein tarif** der Volltarif 94

tarif réduit der ermäßigte Tarif 94

tarte der Kuchen

tasse die Tasse

taxe die Steuer; **hors taxes** steuerfrei

taxe d'aéroport die Flughafentaxe

taxi das Taxi 47

te dich, dir (voir grammaire)

tee-shirt das T-shirt

téléphone das Telefon 127

téléphone portable das Handy 129,
132

téléphoner (à quelqu'un) (jemanden) anrufen

télésiège der Sessellift

télévision der Fernseher

température die Temperatur; **prendre sa température** die Temperatur messen

tempête das Unwetter

temple der Tempel

temporaire vorübergehend

temps (météo) das Wetter **36**; (durée) die Zeit; **de temps en temps** von Zeit zu Zeit; **tout le temps** die ganze Zeit; **ces derniers temps** in der letzten Zeit; **avoir le temps de ...** Zeit haben zu ... **99, 144**

tenir halten

tennis (sport) der Tennis; (chaussures) die Turnschuhe

tension der Blutdruck

tente das Zelt

terminal das Terminal

terrain de camping der Campingplatz

terrain de golf der Golfplatz

terrain de tennis der Tennisplatz

terrasse die Terrasse

terre die Erde; **par terre** auf dem Boden; **la Terre** die Erde

terrible furchtbar; **pas terrible** nicht so toll

tête der Kopf

thé der Tee

théâtre das Theater

thermomètre das Thermometer

thermos® die Thermosflasche

thon der Thunfisch

ticket die Eintrittskarte **87, 94**

ticket de caisse der Kassenbon

tiède lauwarm

tien : le tien/la tienne der/die/das Deine

timbre die Briefmarke **123**

timide scheu

tire-bouchon der Flaschenöffner

tire-fesses der Ankerlift

tirer ziehen

tisane der Kräutertee

tissu der Stoff

toi du, dich, dir (voir grammaire)

toilettes die Toiletten; **toilettes pour hommes** die Herrentoiletten; **toilettes pour femmes** die Damentoiletten; **affaires de toilette** das Waschzeug

tomate die Tomate

tomber fallen; **tomber malade** krank werden; **laisser tomber** fallen lassen

ton, ta dein, deine, dein (voir grammaire)

tongs die Strandschuhe

torchon das Wischtuch

tordre : se tordre la cheville sich den Knöchel verstauchen **136**

tôt früh

toucher berühren

toujours immer

tour (bâtiment) der Turm; **c'est ton tour** du bist dran

touriste der Tourist, die Touristin

touristique touristisch

tournée die Tournee

tourner drehen

tous, toutes alle; **tous les deux** alle beide; **tous les jours** jeden Tag

tousser husten

tout alles; **tout le temps** immer; **tout le monde** alle; **toute la journée** den ganzen Tag; **tout de suite** sofort; **tout droit** geradeaus

toux der Husten; **avoir de la toux** Husten haben

tradition die Tradition

traditionnel traditionell

traduire übersetzen

train der Zug **43**
traiteur der Feinkosthändler
tramway die Straßenbahn
tranche die Scheibe
tranquille ruhig; **laissez-moi tranquille !** lassen Sie mich in Ruhe!
transpirer schwitzen
transit (physiologique) die Verdauung
travail die Arbeit
travailler arbeiten **31**
travaux die Bauarbeiten
traveller's cheque der Travellerscheck
travers : à travers durch
traverser (rue) überqueren
très sehr
triste traurig
tromper (se) sich irren **28, 129**
trop zu; **trop de** zu viel
trou das Loch
trousse de toilette der Waschbeutel
trouver finden **34, 45, 59, 93, 108**; **trouver quelque chose difficile** etwas schwer finden **27**
truc das Dingsda
tu du
tuer töten
tupperware® die Tupperware®
TVA die Mehrwertsteuer
type (sorte) die Sorte; (homme) der Typ
typique typisch

un (nombre) eins
un, une (article) ein, eine, ein
Union européenne die Europäische Union
université die Universität
urgence der Notfall; **en cas d'urgence** im Notfall; **appeler les urgences** den Notarzt rufen

urgent dringend **140**
usine die Fabrik
utile nützlich
utiliser benutzen

vacances die Ferien; **en vacances** im Urlaub **32**
vacciner : être vacciné (contre) (gegen +acc) geimpft sein **137**
vache die Kuh
vague (n) die Welle
vaisselle das Geschirr; **faire la vaisselle** Geschirr spülen
valable gültig
valise der Koffer **41**; **faire ses valises** packen
vallée das Tal
valoir kosten; **ça vaut 10 euros** es kostet zehn Euros; **il vaut mieux …** es ist besser … **36**
vanille die Vanille
veau das Kalb
végétarien, -enne der Vegetarier, die Vegetarierin
vélo das Fahrrad
vendeur, -euse der Verkäufer, die Verkäuferin
vendre verkaufen; **à vendre** zu verkaufen
vendredi Freitag
venir kommen; **je viens de Paris** ich komme aus Paris; **je viens d'arriver** ich bin gerade angekommen
vent der Wind
ventilateur der Ventilator
ventre der Bauch
vérifier nachprüfen

verre das Glas; **un verre d'eau/de vin** ein Glas Wasser/Wein; **prendre un verre** einen trinken **64**, **86**

verrou der Riegel

vers (en direction de) in Richtung; (environ) ungefähr

version : en version originale im Originalton

vert grün

veste die Jacke

vestiaire die Garderobe

vêtement das Kleidungsstück; **vêtements** die Kleider, die Kleidung

veuf, veuve der Witwer, die Witwe

vexé beleidigt

viande das Fleisch

viande hachée das Hackfleisch

vide leer

vidéo der Videofilm

vie das Leben

vieux alt

villa die Villa

village das Dorf

ville die Stadt; **vieille ville** die Altstadt

vin der Wein; **vin blanc** der Weißwein; **vin rouge** der Rotwein

vinaigre das Essig

vinaigrette die Salatsoße

viol die Vergewaltigung

violent gewalttätig

violet violett

virement (bancaire) die Geldüberweisung **120**

visa das Visum

visite die Besichtigung, der Besuch; **rendre visite à** besuchen

visite guidée die Führung **94**

visiter besichtigen **33**

vite schnell

vitesse die Geschwindigkeit; **à toute vitesse** so schnell es geht

vitraux die Kirchenfenster

vitre die Scheibe

vitrine : en vitrine im Schaufenster **112**

vivant lebendig

vivre leben

vœux die Wünsche; **meilleurs vœux** alles Gute

voici hier ist/sind

voilà hier ist/sind

voile : bateau à voile das Segelboot

voir sehen

voisin, -e der Nachbar, die Nachbarin

voiture das Auto; (d'un train) der Waggon; **en voiture** mit dem Auto

voix die Stimme

vol (criminel) der Diebstahl; (d'avion) der Flug

volaille das Geflügel

voler (dérober) stehlen **140**; (dans l'air) fliegen

voleur der Dieb

volley(-ball) der Volleyball

vomir sich übergeben; **avoir envie de vomir** Brechreiz verspüren

vos ihre

votre ihr, ihre (voir grammaire)

vôtre; le/la vôtre (à un seule personne) der/die/das Ihre; (à plusieurs personnes) der/die/das Eure

vouloir wollen; **vouloir dire** meinen; **je voudrais …** ich möchte …

vous sie, ihr (voir grammaire)

voyage die Reise **39**; **bon voyage !** gute Reise!

voyage d'affaires die Geschäftsreise

voyage de noces die Hochzeitsreise

voyage organisé die Gruppenreise

voyager reisen
voyelle der Vokal
vrai echt
vraiment wirklich
VTT das Mountainbike
vue die Sicht; **vue sur mer** der Blick
   aufs Meer

Walkman® der Walkman®
WC das WC
week-end das Wochenende

whisky der Whisky

y dort; (avec mouvement) dorthin
yaourt der Joghurt
yeux die Augen

zéro null
zoo der Zoo
zoom das Zoomobjektiv

A

ab à partir de
Abend soir, soirée; **zu Abend essen** dîner (v)
Abendessen dîner (n)
aber mais
Abfahrt départ
Abfahrtszeiten horaires de départ
Abfall ordures
abgelaufen périmé
abhängen dépendre; **es hängt von … ab** ça dépend de …
abheben décoller (avion); retirer (de l'argent)
abholen aller chercher, passer prendre
Abkürzung raccourci
ablehnen refuser
abnehmen diminuer
abreisen quitter, partir
Absatz talon
abschicken envoyer
Abschleppdienst fourrière, service de dépannage
Absender expéditeur
absichtlich exprès
Abtei abbaye
Abteil compartiment
Abteilung rayon (d'un magasin)
Achtung! attention !
Adapter adaptateur
ähneln ressembler à
ähnlich sehen (sich) se ressembler
Aids sida
Akzent accent
akzeptieren accepter
Alkohol alcool
alle tous, toutes, tout le monde; **alle beide** tous les deux
allein seul

allergisch allergique
alles tout
Allgemeinarzt généraliste (médecin)
als lorsque
also donc
alt ancien, vieux
Alter âge
Altstadt vieille ville, centre historique
Aluminiumfolie papier aluminium
am au, à la, au bord de
Ameise fourmi
Amerikaner, -in Américain(e)
amüsieren (sich) s'amuser
anbaggern draguer
andere: ein anderer un autre; **eine andere** une autre; **etwas anderes** autre chose
anders (als) différent (de)
anderswo ailleurs
Anfang début
anfangen commencer
Anfänger débutant
Anfangsbuchstaben initiales
Angaben coordonnées
angeln pêcher
angenehm agréable
Angina angine
angreifen agresser
Angst peur
anhalten s'arrêter
Anhalter: per Anhalter reisen faire du stop
Ankerlift tire-fesses
ankommen arriver
Ankunft arrivée
Anlass occasion
anmachen allumer
anmelden déclarer; **sich anmelden** s'inscrire

annehmen accepter
anprobieren essayer (vêtement)
Anruf appel (téléphonique)
Anrufbeantworter répondeur
anrufen téléphoner (à)
anschalten allumer (lumière)
anschauen regarder
anschließen brancher
Anschluss changement, correspondance
anstatt au lieu de
ansteckend contagieux
anstrengen (sich) faire un effort
Anstrengung effort
Antibiotikum antibiotique
antik antique
Antiquität antiquité
Antwort réponse
antworten répondre
Anzeige déclaration (de perte, vol)
anziehen (sich) (s')habiller
anzünden allumer
Apfel pomme
Apfelmost cidre
Apotheke pharmacie
Aprikose abricot
April avril
Arbeit travail
arbeiten travailler
Architektur architecture
ärgerlich énervant
ärgern énerver
Arm bras
arm pauvre
Armband bracelet
Armbanduhr montre
Ärmel manche
ärmellos sans manches
Aroma parfum (arôme)
Art façon, manière, sorte
artig sage
Artikel article

artikulieren articuler
Arzt médecin
Aschenbecher cendrier
Aspirin aspirine
Asthma asthme
Atlantik Atlantique
Aubergine aubergine
auch aussi
auf sur
Aufenthalt séjour
aufgeben enregistrer (bagages)
aufhören arrêter, finir
aufladen recharger (portable)
aufpassen auf faire attention à, garder (un enfant)
aufräumen ranger
aufstehen se lever
aufwachen se réveiller
Aufzug ascenseur
Auge œil
Augenblick moment
August août
ausdrücken (sich) s'exprimer
Ausfahrt sortie (d'autoroute)
Ausflug excursion
ausfüllen remplir
Ausgang sortie
ausgeben dépenser
ausgehen sortir
Auskunft renseignement
Auskünfte informations
Ausland étranger
Ausländer étranger
ausmachen éteindre
Auspuff pot d'échappement
ausreichen suffire
ausruhen (sich) se reposer
ausschalten éteindre
aussehen avoir l'air
außer sauf
außergewöhnlich exceptionnel
außerordentlich extraordinaire

Aussichtspunkt belvédère, panorama
aussprechen prononcer
aussteigen descendre
aussteigen lassen déposer
Ausstellung exposition
Auster huître
Ausverkauf soldes
ausverkauft épuisé (marchandise)
auswendig par cœur
authentisch authentique
Auto voiture
Autobahn autoroute
Autor, -in auteur
Avocado avocat (fruit)

Baby bébé
Babysitter baby-sitter
backen cuire
Bäckerei boulangerie, pâtisserie
Bad bain
Badeanzug maillot de bain
Badehose slip de bain
Bademeister maître nageur
baden se baigner
Badeort station balnéaire
Badeshort caleçon (de bain)
Badezimmer salle de bains
Bahnhof gare
Bahnsteig quai
bald bientôt; **bis bald** à bientôt
Balkon balcon
Ball balle, ballon
Band groupe (de musique)
Bank banque
Bankkarte Carte Bleue®
Bankkonto compte bancaire
bar: bar bezahlen payer en liquide
Bart barbe
Basilika basilique
Basketball basket (sport)

Batterie pile, batterie
Bauarbeiten travaux
Bauch ventre
Bauernhof ferme (n)
Baum arbre
Baumwolle coton (textile)
bedauern regretter
bedeckt couvert (adj)
bedeuten signifier
Bedienung serveuse
beeilen (sich) se dépêcher
beeindruckend impressionnant
beenden finir
befestigte Stadtmauer remparts
begleiten accompagner
Begrüßungskuss bise
behindert handicapé
bei chez
Bein jambe
beinahe presque
Beispiel exemple; **zum Beispiel** par exemple
bekannt connu
Bekanntschaft connaissance (personne)
beklagen (sich) se plaindre
belebt animé
belegtes Brot sandwich
beleidigt vexé
Beleidigung insulte
Belgien Belgique
Belgier, -in Belge
bemerken remarquer
benachrichtigen prévenir
benutzen utiliser, se servir de
Benzin essence
bequem confortable
beraten conseiller
bereit (zu) prêt (à)
Berg montagne
Berghütte refuge de montagne
Beruf métier

berühmt célèbre
berühren toucher
beschädigt abîmé
beschäftigen occuper
beschäftigt occupé
Bescheid: Bescheid wissen (über) être au courant (de)
besetzt occupé
besichtigen visiter
Besichtigung visite
Besitzer, -in propriétaire
besser (als) mieux (que), meilleur (que)
bestätigen confirmer (vol)
beste: die/das/das Beste le/la meilleur(e)
Besteck couvert (n)
bestellen commander
besuchen visiter, rendre visite à
Betäubung anesthésie
Betrieb: außer Betrieb hors service
betrunken soûl
Bett lit
Bettzeug drap
bevor avant de
bewachen garder
bezahlen payer
bezaubernd charmant, ravissant
BH soutien-gorge
Biene abeille
Bier bière
Bild photo, image
billig bon marché
Binde serviette hygiénique
binnen: binnen einer Viertelstunde d'ici un quart d'heure
Birne poire
bis jusqu'à; bis morgen! à demain !; bis nachher! à tout à l'heure !; bis später! à plus tard !
Biss morsure
bisschen: ein bisschen un peu (de)
bitte s'il te/vous plaît

bitten (um) demander
bitter amer
Bitterschokolade chocolat noir
Blase ampoule (sur la peau)
blass pâle
Blatt feuille
blau bleu (couleur)
bleiben rester
blind aveugle
Blinddarmentzündung appendicite
Blinker clignotant
Blitz flash
blockiert bloqué
blond blond
Blume fleur
Blumenkohl chou-fleur
Blut sang
Blutdruck tension; hoher Blutdruck hypertension; niedriger Blutdruck hypotension.
bluten saigner
blutig saignant
Blutkreislauf circulation (du sang)
Boden sol; auf dem Boden par terre
Bohnen haricots
Boiler chauffe-eau
Bollwerk remparts
böse méchant
Botschaft ambassade
Boxershort caleçon (sous-vêtement)
Brand incendie
brauchen avoir besoin de
braun marron, brun, bronzé
brav sage
brechen casser
Brechreiz verspüren avoir envie de vomir
breit large; breite Straße avenue
Bremse frein
bremsen freiner
brennen brûler
Briefkasten boîte aux lettres

Briefmarke timbre
Brieftasche portefeuille
Briefträger facteur
Briefumschlag enveloppe
Brille lunettes
bringen apporter
Bronchitis bronchite
Broschüre brochure
Brot pain
Bruch fracture
Brücke pont
Bruder frère
Brust poitrine, sein
Buch livre
Buchhandlung librairie
buchstabieren épeler
Bügeleisen fer à repasser
bügeln repasser (vêtement)
Bürste brosse
Bus bus, car
Busbahnhof gare routière
Buslinie ligne de bus
Büstenhalter soutien-gorge
Butter beurre

Campingplatz camping (terrain)
canceln annuler
chinesisch chinois
Cholesterin cholestérol
christlich chrétien
Computer ordinateur

da (adv) là; **da oben** là-haut
da (conjonction) puisque, comme
Damentoiletten toilettes pour
femmes
dank grâce à
dankbar reconnaissant

danke merci
danken remercier
dann ensuite, alors
daoben dessus
Darmgrippe grippe intestinale
darunter dessous
das cela
dass que
dasselbe le/la même
Datum date
Dauer durée
dauern durer
Decke couverture
Deckel bouchon (de bouteille)
dein, deine ton, ta, tes
denken (an) penser (à)
Denkmal monument
Deo déodorant
der le, la
derselbe le/la même
deren dont
desinfizieren désinfecter
Deutsch allemand
Deutsche Allemand(e)
Deutschland Allemagne
Dezember décembre
Diabetis diabète
Diät régime
dich te
dicht serré
die la, les
Dieb voleur
Diebstahl vol
dienen (zu) servir (à)
Dienstag mardi
dieselbe le/la même
Diesel(kraftstoff) diesel
dieser, diese, dieses ce, cette
Ding chose
dir te
direkt (adj) direct; (adv) directement
Disko(thek) discothèque

Dictionnaire ALL-FR

Donnerstag jeudi
Dorf village
dort là-bas
Dosenöffner ouvre-boîtes
draußen dehors
drehen tourner
dringend urgent
drinnen dedans
Droge drogue
drohen menacer; **es droht zu …**
  il risque de …
Druck pression (pneu)
du tu
dumm bête
dunkel foncé
dünn maigre
durch à travers
Durchfall diarrhée
durchschlagen (sich) se débrouiller
Durchschnittsdauer durée moyenne
Durst soif
Dusche douche
Duschgel gel douche

E

Ebbe marée basse
echt véritable, authentique;
  echt? vraiment ?
Ecke coin (angle)
Ehefrau épouse
Ehemann mari
eher plutôt
ehrlich (adj) honnête, franc; (adv)
  franchement
Ei œuf
Eil- express
eilig pressé; **es eilig haben** être pressé
ein, eine un, une
Einbruch cambriolage
Einchecken embarquement
einchecken embarquer

Eindruck impression
einfach simple
Einfall idée
Eingang entrée
einige quelques(-uns)
Einkäufe courses
einkaufen gehen faire des/les courses
Einkaufsbummel shopping
Einkaufswagen Caddie®
Einkaufszentrum centre commercial
einladen inviter
eins un (nombre)
einschlafen s'endormir
Einschreiben lettre recommandée
einschreiben (sich) s'inscrire
eintreten entrer
Eintritt entrée
Eintrittskarte ticket, billet d'entrée
einverstanden d'accord
Einweg- jetable
Einzimmerwohnung studio
  (appartement)
Einzugsgebiet banlieue
Eis glace
Eiswürfel glaçon
Eiweiß blanc d'œuf
elegant chic
elektrisch électrique
Elektrorasierer rasoir électrique
Eltern parents
Empfang réception
empfangen recevoir
Empfänger destinataire
Empfangsdame réceptionniste
empfehlen recommander
empfehlenswert recommandé
Ende fin; **gegen Ende** en fin de
endlich enfin
England Angleterre
Engländer, -in Anglais(e)
entdecken découvrir
Ente canard

entfernen enlever
Enthaarungscreme crème dépilatoire
entscheiden décider
entschuldigen (sich) s'excuser;
   entschuldigen Sie excusez-moi!
Entschuldigung excuse;
   Entschuldigung! pardon !
entspannen (sich) se détendre
enttäuschen décevoir
enttäuschend décevant
entwickeln développer
epileptisch épileptique
er il
erbauen construire
Erbsen petits pois
Erdbeere fraise
Erde terre
Erdgeschoss rez-de-chaussée
Erdnüsse cacahouètes
erfahren apprendre
erfinden inventer
Erfolg succès; **viel Erfolg!** bon courage !
erfreut: sehr erfreut! enchanté !
erinnern (sich) se souvenir
erkälten (sich) prendre froid
erkennen reconnaître
erklären expliquer
erlauben permettre
Ermäßigung réduction
ermüdend fatigant
ernst sérieux, grave
Ersatzteil pièce de rechange
erschöpft épuisé, crevé
erschwinglich abordable
erstaunen étonner
erste premier
ertragen supporter
ertrinken se noyer
Erwachsene adulte
erzählen raconter
Erzählung nouvelle
Espresso expresso

essen manger
Essig vinaigre
Esskastanie marron (fruit)
etwas quelque chose; **etwas anderes**
   quelque chose d'autre
Europa Europe
europäisch européen
Europäische Union Union européenne
Euroscheck eurochèque
evangelisch protestant

Fabrik usine
Fahne drapeau
Fähre ferry
fahren aller (en voiture), conduire
Fahrgast passager
Fahrrad bicyclette, vélo
Fahrradkette chaîne (de vélo)
Fahrradweg piste cyclable
Fahrschein billet
Fall cas; **für den Fall, dass …** au cas
   où …
fallen tomber; **fallen lassen** laisser
   tomber
falsch faux
Faltblatt dépliant
Familie famille
fantastisch formidable
Farbe couleur
Fassbier pression (bière)
fast presque
faszinierend fascinant, passionnant
Februar février
fehlen manquer
Fehler défaut, erreur, faute
feiern faire la fête
Feiertag jour férié
fein fin
Feinkosthändler traiteur
Feldflasche gourde

Felsen rocher
Fenster fenêtre
Ferien vacances
Ferienlager colonie de vacances
Ferkel cochon
Fernglas jumelles (pour voir)
fernsehen regarder la télévision
Fernseher télévision
fertig prêt, fini
Fest fête, soirée
Festspiel festival
fett gras
feucht humide
Feuchtigkeitscreme crème hydratante
Feuer feu
Feuerwehr pompiers
Feuerwerk feux d'artifice
Feuerzeug briquet
Fieber fièvre
Film film, pellicule
finden trouver
Finger doigt
Fisch poisson
Fischhandlung poissonnerie
flach plat
Fläschchen biberon
Flasche bouteille
Flaschenöffner décapsuleur, tire-bouchon
Fleck tache
Fleisch viande
Fliege mouche
fliegen voler
Flitterwochen lune de miel
Flucht fuite
Flug vol
Flughafen aéroport
Flughafentaxe taxe d'aéroport
Flugsteig porte (d'aéroport)
Flugzeug avion
Fluss fleuve, rivière

Flut marée haute
folgen suivre
folgend suivant
Folklore- folklorique
Form forme
Formular formulaire
Fortschritt progrès
Fotoapparat appareil photo
fotografieren photographier
Frage question; **eine Frage stellen** poser une question
fragen demander
Frankreich France
Franzose, Französin Français(e)
französisch français
Frau Madame, femme
Frauenarzt gynécologue
Fräulein Mademoiselle
frei libre, férié
Freitag vendredi
Freund, -in (petit) copain, (petite) copine
freundlich accueillant, sympathique
Frieden paix
Friedhof cimetière
frisch frais
Frischgemüse légumes verts
Frisör coiffeur
frittiert frit
froh content; **frohe Weihnachten!** joyeux Noël !
Frost gel
früh tôt
Frühling printemps
Frühstück petit déjeuner
frühstücken prendre le petit déjeuner
fühlen sentir
führen guider, conduire
Führer guide
Führerschein permis de conduire
Führung visite guidée
füllen remplir

funktionieren marcher, fonctionner
für pour
furchtbar horrible, terrible
Fuß pied; **zu Fuß** à pied
Fußball football
Fußganger piéton

Gabel fourchette
ganz (en) entier
gar à point
Garderobe vestiaire
Garten jardin
Gas gaz
Gasflasche bouteille de gaz
Gaspedal accélérateur
Gast invité
Gästezimmer chambre d'hôtes
Gate porte (d'aéroport)
Gebäck pâtisserie (gâteau)
Gebäude bâtiment, immeuble
geben donner; **es gibt** il y a
gebildet cultivé, instruit
Gebirge montagne
**geboren: ich bin am .../im Jahre ...
geboren** je suis né le .../en ...
gebraucht d'occasion
gebrochen cassé
gebührenpflichtig payant
Geburtsname nom de jeune fille
Geburtstag anniversaire; **alles Gute
zum Geburtstag!** bon anniversaire !
Gedächtnis mémoire
geduldig patient
Gefahr danger
gefährlich dangereux
Gefallen service; **einen Gefallen tun**
rendre un service
gefallen plaire
Gefängnis prison
Geflügel volaille

Gefühl sentiment
gegen contre
Gegend région, coin
Gegenteil contraire; **im Gegenteil**
au contraire
gegenüber (von) en face (de)
gegrillt grillé
Geheimnis secret
Geheimzahl code confidentiel
gehen aller (à pied); **wie geht es
Ihnen?** comment allez-vous ?; **wie
geht's?** ça va ?; **es geht mir gut** je
vais bien
gehören zu faire partie de
geimpft sein (gegen) être vacciné
(contre)
gekocht cuit
gelb jaune
Geld argent
Geldautomat distributeur
(automatique de billets)
Geldbeutel porte-monnaie
Geldschein billet
Geldüberweisung virement
Gemälde tableau
Gemüse légume
genesen guérir
genial génial
genießen profiter de
genug assez
genügend assez de
geöffnet ouvert
Gepäck bagages
Gepäckaufgabe consigne,
enregistrement
gerade droit; **gerade eben** tout juste
geradeaus tout droit
gerecht juste
Gericht plat
gern volontiers, avec plaisir; **gern
geschehen** il n'y a pas de quoi;
gern mögen apprécier, aimer

Geruch odeur
gesalzen salé
Geschäft magasin
Geschenk cadeau
Geschichte histoire, récit
geschieden divorcé
Geschirr vaisselle; **Geschirr spülen** faire la vaisselle
Geschlecht sexe
geschlossen fermé
Geschmack goût
Geschwindigkeit vitesse
geschwollen enflé
Gesellschaft société
gestern hier
gestochen werden (von) se faire piquer (par)
gesund en bonne santé; **gesund werden** guérir
Gesundheit santé; **Gesundheit!** à tes/vos souhaits !
Getränk boisson
Getreideflocken céréales
getrennt séparément
Getriebe boîte de vitesses
Gewalt violence
gewinnen gagner
gewiss certain
Gewitter orage
Gewohnheit habitude
gewöhnlich d'habitude
Gewürz épice
gezuckert sucré
Gipfel sommet
Gipsverband plâtre
Gitarre guitare
Glas verre
glauben croire
gleich (adv) tout de suite; **gleich bezahlen** payer comptant
gleich (adj) pareil, égal; **das gleiche** la même chose

Glück chance, bonheur; **viel Glück!** bonne chance !; **auf gut Glück** au hasard
glücklich heureux
glücklicherweise heureusement
Glühbirne ampoule (électrique)
Gold or
golden en or
goldig mignon
Golfspiel golf
gotisch gothique
Gottesdienst messe
Gramm gramme
Grammatik grammaire
Grapefruit pamplemousse
Gras herbe
grau gris
Grenze frontière
Grieche, Griechin Grec, Grècque
Griechenland Grèce
griechisch grec
Grill barbecue
Grillfest barbecue
Grippe grippe
groß grand; **groß werden** grandir
großartig magnifique
Großbritannien Grande-Bretagne
Größe taille (grandeur)
grün vert
Grund fond
grüne Bohnen haricots verts
Gruppe groupe
gültig en cours de validité, valable
Gurke concombre
Gürtel ceinture
gut bien, bon; **guten Abend** bonsoir; **guten Morgen** bonjour (le matin); **guten Tag** bonjour (l'après-midi); **gut aussehend** beau
Gymnasium lycée

Haar cheveux
Haartrockner sèche-cheveux
haben avoir
Hafen port
halb demi; **eine halbe Stunde** une demi-heure; **ein halber Liter** un demi-litre
Halbfettmilch lait demi-écrémé
Halbpension demi-pension
Hälfte moitié
Hallo! salut !
hallo allô
Hals cou, gorge
Halsband collier
Halsschmerzen maux de gorge
Halstuch foulard
Halt stop, arrêt
halten tenir
Haltestelle station
Hand main
Handbremse frein à main
Handgelenk poignet
handgemacht fait main
Handgepäck bagages à main
Händler marchand
Handschuh gant
Handtasche sac à main
Handtuch serviette, torchon
Handy téléphone portable
Häring sardine (de tente)
hart dur
Hartwurst saucisson
Haselnuss noisette
hassen détester
hässlich laid, moche
Haupt- principal
Hauptgericht plat de résistance
Haupthahn robinet d'arrêt
Haus maison; **zu Hause** à la maison
Haushalt ménage

Haut peau
Heft cahier
heilen guérir
heiß chaud
heißen s'appeler
Heizung chauffage, radiateur
helfen aider
hell clair
hellblau bleu clair
Helm casque
Hemd chemise
herausgeben rendre la monnaie
herausstellen sortir
Herbst automne
Herdplatte plaque électrique
Herkunft origine
Herr Monsieur
Herrentoiletten toilettes pour hommes
hervorragend excellent
Herz cœur
Herzinfarkt crise cardiaque
herzkrank cardiaque
herzlich chaleureux; **herzlichen Glückwunsch!** félicitations !
Heuschnupfen rhume des foins
heute aujourd'hui; **heute abend** ce soir
heutzutage de nos jours
hier ici
Hilfe secours, aide; **Hilfe!** au secours !
Himbeere framboise
Himmel ciel
hineingehen entrer
Hinfahrt aller (n)
hinten au fond de
hinter derrière
Hin-und Rückfahrt aller-retour (voiture, train)
Hin-und Rückflug aller-retour (avion)
Hitze châleur
hoch grand, haut

Hochzeit mariage
Hochzeitsreise voyage de noces
Hochzeitstag anniversaire de mariage
hoffen espérer
höflich poli
holen aller chercher
Holland Hollande
Holländer, -in Hollandais(e)
Holz bois (matière)
Homöopathie homéopathie
Honig miel
hören écouter, entendre
Hose pantalon
hübsch joli
Hüfte hanche
Hügel colline
Huhn poule
Hühnchen poulet
Hülsenfrüchte légumes secs
Hummer homard
Hund chien
Hundekot crotte
Hunger faim
husten tousser
Hut chapeau

I

ich je
Idee idée
idiotisch idiot
Imbiss casse-croûte
immer toujours
impfen vacciner
in à, dans
inbegriffen compris (service, assurance)
Inlineskates rollers
innen à l'intérieur
Insekt insecte
Insektengift insecticide
Insel île
Installatör plombier

internationale Überweisung mandat international
irgendetwas n'importe quoi
irgendwo quelque part
irren (sich) se tromper
Irrtum erreur
Italien Italie
Italiener, -in Italien(enne)

J

ja oui
Jacke blouson, veste
Jahr année; **ich bin 22 Jahre alt** j'ai 22 ans
Jahreszeit saison
Jahrhundert siècle
Jahrmarkt fête foraine
Jakobsmuschel coquille Saint-Jacques
Januar janvier
Japan Japon
Japaner, -in Japonais(e)
Jeans jean
jedenfalls de toute façon
jeder chacun
jeder, jede, jedes chaque
jedesmal chaque fois
jemand quelqu'un
jetzt maintenant
Job boulot
Jogginganzug jogging (tenue)
Joghurt yaourt
jucken démanger
Jugendherberge auberge de jeunesse
Jugendliche adolescent
Juli juillet
jung jeune
Junge garçon
Juni juin

K

Kaffee café
Kaffeelöffel cuillère à café

Kai quai
Kajak kayak
Kalb veau
kalt froid, frais
Kamin cheminée
Kamm peigne
Kaninchen lapin
Kapelle chapelle
kaputt abîmé, foutu
Karies carie
Karte carte
Kartoffel pomme de terre
Käse fromage
Kasse caisse
Kassenbon ticket de caisse
Kater gueule de bois
katholisch catholique
Katze chat
kaufen acheter
Kaufhaus grand magasin
Kaugummi chewing-gum
kaum à peine
kein, keine aucun(e); **keine Ahnung**
aucune idée
Keks gâteau sec
Kellner, -in serveur(euse)
kennen connaître
Kerze bougie
Kette chaîne
Kettenöl huile (pour vélo)
Kichererbsen pois chiches
Kind enfant
Kinderwagen poussette
Kinn menton
Kino cinéma
Kinosaal salle de cinéma
Kirche église
Kirchenfenster vitraux
Kirsche cerise
Kissen oreiller
Kissenbezug taie d'oreiller
Kiste caisse, boîte

klassisch classique
Klebeband Scotch®, sparadrap
Klebstoff colle
Kleid robe
Kleider vêtements
Kleiderbügel cintre
Kleidung vêtements
Kleidungsstück vêtement
klein petit
Kleingeld monnaie
Klempner plombier
Klettertour escalade
Klimaanlage climatisation
Klippe falaise
Kloster monastère
Kneipe bar
Knie genou
Knoblauch ail
Knöchel cheville
Knochen os
Knopf bouton (de vêtement)
kochen faire la cuisine, cuire
Kochtopf casserole
koffeinfrei décafféiné
Koffer valise
Kofferraum coffre (de voiture)
Kohl chou
kommen venir
König roi
Königin reine
können pouvoir, être capable
Konservendose boîte de conserve
kontaktieren contacter
Kontaktlinsen lentille de contact
Konzertsaal salle de concert
Kopf tête
Kopfsalat laitue
Kopfschmerzen mal à la tête
Korken bouchon (en liège)
Körper corps
kosten coûter, valoir, goûter
kostenlos gratuit

köstlich délicieux
Krabbe crevette
krank malade; **krank werden** tomber malade
Krankenhaus hôpital
Krankenschwester infirmière
Krankenwagen ambulance
Krankheit maladie
Kräutertee tisane
Krebs crabe
Kreditkarte carte de crédit
Kreisverkehr rond-point
Kreuz croix
Kreuzfahrt croisière
Krieg guerre
kritisieren critiquer
Krug carafe
Küche cuisine
Kuchen gâteau, tarte
Küchenchef chef (cuisinier)
Küchenschabe cafard
Kugel boule (de glace)
Kuh vache
Kühlschrank réfrigérateur
Kummer peine
Kunst art
Künstler artiste
Kunstwerk œuvre d'art
Kupfer cuivre
Kupplung embrayage
kurz court; **kurz davor sein, etwas zu tun** être sur le point de faire quelque chose; **kurz vorher** juste avant,
un peu avant; **kurze Hose** short
kurzärmelig en/à manches courtes
Kusin, -e cousin(e)
Küste côte

lächeln sourire
lachen rire

Lachs saumon
Laken drap
Laden boutique
Lage situation
Lamm agneau
Land pays, campagne
Landkarte carte
Landschaft paysage
lang longtemps
langsam lentement
Languste langouste
langweilen (sich) s'ennuyer
langweilig ennuyeux
Laptop ordinateur portable
Lärm bruit
Lastwagen camion
Lauch poireau
Laut son (n)
laut bruyant, fort
lauwarm tiède
Leben vie
leben vivre
lebendig vivant
Lebensmittelgeschäft épicerie
Lebensmittelvergiftung intoxication alimentaire
Leber foie
Leberwurst pâté de foie
Leder cuir
ledig célibataire
leer vide
Leerung levée
legen poser
Lehrer professeur
leicht facile, léger
leid: es tut mir Leid je suis désolé
leiden souffrir
leihen emprunter
leise doucement, à voix basse
Leitung direction
Leitungswasser eau plate
lernen apprendre

lesen lire
letzte dernier
Leuchtturm phare (tour)
Leute les gens
Licht lumière
Liebe amour
lieben aimer
Lieblings- préféré
Lied chanson
Likör liqueur
Limette citron vert
links gauche
Linsen lentilles
Lippe lèvre
Lippenstift rouge à lèvres
Liter litre
Loch trou
Löffel cuillère
lohnen: es lohnt sich ça vaut la peine
Luft air
Luftfahrtgesellschaft compagnie aérienne
Luftmatratze matelas pneumatique
Luftpost: per Luftpost par avion
Luftpumpe pompe à vélo
lügen mentir
Lunge poumon
Lust envie
lustig drôle
Luxemburg Luxembourg
Luxemburger, -in Luxembourgeois(e)
Luxus luxe

M

machen faire; **macht nichts** tant pis
Mädchen fille
Magen estomac
mager maigre
Magermilch lait écrémé
Mahlzeit repas
Mai mai

Mais maïs
Mal fois
Maler peintre
Malerei peinture
man on
manchmal quelquefois
Mandel amande
Mangel défaut
Mann homme
Mannschaft équipe
Mantel manteau
Markt marché
Marmelade confiture
März mars
Material matériel
Matratze matelas
Matte tapis de sol
Mauer mur
Maus souris
Mautstelle péage
Meer mer
Meeresfrüchte fruits de mer
Mehl farine
mehr (als) plus (que)
mehrere plusieurs
Mehrwertsteuer TVA
mein, meine mon, ma, mes
meinen vouloir dire
Meinung opinion, avis
meisten la plupart (de)
Meisterwerk chef-d'œuvre
Meldung déclaration
Melone melon
Messe foire
Messer couteau
Meter mètre
Metzgerei boucherie
mich me
Miesmuscheln moules
Miete location, loyer
mieten louer (prendre en location)
Mikrowelle micro-ondes

Milch lait
Milchkaffee café au lait, café crème
Milchschokolade chocolat au lait
mindestens au moins
mir me
mischen mélanger
Missverständnis malentendu
mit avec
mitbringen amener
Mitglied membre
Mitnehmen: zum Mitnehmen à emporter
mitnehmen accompagner, emmener, emporter (en voiture)
Mittag midi; **zu Mittag essen** déjeuner (v)
Mittagessen déjeuner (n)
Mittagsschlaf sieste
Mitte milieu
mitteilen communiquer
Mittel moyen
mittel moyen
Mittelalter Moyen-Âge
mittelalterlich médiéval
Mittelmeer mer Méditerranée
mitten in au milieu de
Mitternacht minuit
Mittwoch mercredi
modisch branché, à la mode
Mofa mobylette®
möglich possible
momentan pour le moment
Monat mois
Mond lune
Montag lundi
Morgen matin
morgen demain; **morgen abend** demain soir; **morgen früh** demain matin
Moschee mosquée
Moskito moustique
Moslem musulman
Motor moteur

Motoröl huile (pour voiture)
Motorrad moto
Motorroller scooter
Mountainbike VTT
Möwe mouette
müde fatigué
Mühle moulin
Mülleimer poubelle
Müllsack sac poubelle
Mülltonnen poubelles
Multiticket carnet de tickets
Mund bouche
Münze pièce (monnaie)
Muschel coquillage
Museum musée
Muskel muscle
muslimisch musulman
müssen devoir, être obligé
Mut courage
Mutter mère
Mütze bonnet, casquette

nach après, à; **nach und nach** petit à petit
Nachbar voisin
Nachmittag après-midi
Nachname nom de famille
nachprüfen vérifier
Nachricht nouvelle, messages; **die Nachrichten** les informations
nachschicken faire suivre
Nachspeise dessert
nächste suivant
Nacht nuit
Nachtclub boîte de nuit
Nachthemd chemise de nuit
Nachtisch dessert
nachvertont doublé
nackt nu
Nagel ongle
Nagelknipser coupe-ongles

nah proche, près
Nahrung nourriture
Name nom
Nase nez
nass mouillé
natürlich bien sûr, naturellement
Nebel brouillard
neben à côté de
nehmen prendre
nein non
Nepp arnaque
nett gentil, sympa
neu neuf, nouveau, récent
neugierig curieux
Neujahr Nouvel An
neulich récemment
nicht ne … pas
Nichtraucher non-fumeur
nichts rien
nie jamais
niemand personne
Niere rein
nirgendwo nulle part
noch encore; **noch mehr** encore plus; **noch nicht** pas encore
Nonne religieuse
Nordsee mer du Nord
Not urgence
Notausgang sortie de secours
Notfall urgence; **im Notfall** en cas d'urgence
nötig nécessaire; **nötig haben** avoir besoin de
November novembre
Nudeln pâtes
null zéro
Nummer numéro
nur seulement
nützlich utile

oben en haut
Objektiv objectif (photographique)

Obst fruit
obwohl quoique
oder ou
Ofen four
offensichtlich évident
öffentlich public
öffnen ouvrir
Öffnungszeiten horaires d'ouverture
oft souvent
ohne sans
Ohnmacht syncope
ohnmächtig werden s'évanouir
Ohr oreille
Ohropax boules Quiès®
Ohrringe boucles d'oreilles
Oktober octobre
Öl huile
Onkel oncle
Oper opéra
operieren opérer; **operiert werden** se faire opérer
Optiker opticien
orangenfarben orange
Orangensaft jus d'orange
Orchester orchestre
Ordnung ordre; **in Ordnung** ok
organisieren organiser
Orientierungspunkt point de repère
originell original
Ort lieu; **vor Ort** sur place
Ortszeit heure locale
Ostern Pâques
Österreich Autriche
Österreicher, -in Autrichien(enne)
östlich (von) à l'est (de)
Ostsee mer Baltique
Ozean océan

Päckchen colis
packen faire ses valises
packend passionnant

Packung paquet
Paket paquet, colis
Palast palais
Papier papier
Papiertaschentuch Kleenex®
Paprika poivron
parken se garer
Parkplatz parking
Passagier passager
passieren se passer
Pastete pâté
Pauschalpreis forfait
Pause entracte
Peperoni piment
perfekt parfait
Personalausweis carte d'identité
persönlich personnel
Pfad sentier
Pfanne poêle
Pfarrer prêtre
Pflaume prune
Pfeffer poivre
Pfeife pipe
Pfeil flèche
Pferd cheval
Pfirsich pêche
Pflanze plante
Pflaster pansement
Pflegemilch lait hydratant
Pickel bouton (sur la peau)
picknicken pique-niquer
Pille pilule
Pilz champignon
Pinzette pince à épiler
Plakat affiche
planen prévoir
Plastiktüte sac plastique
platt dégonflé
Platte disque, plat
Plattenhändler disquaire
Platz emplacement, place
Plätzchen petit gâteau
platzen lassen crever

plaudern bavarder
Po fesses
Polizei police
Polizeiwache commissariat
Polizist policier
Pommes frites frites
Portugal Portugal
Portugiese, Portugiesin Portugais(e)
Post poste, courrier
Postamt bureau de poste
Postfach poste restante
Postkarte carte postale
Postleitzahl code postal
Praktikum stage
praktisch pratique
Präservativ préservatif
Preis prix
Preisnachlass rabais, ristourne
privat privé
pro par
probieren goûter, essayer
Produkt produit
Prospekt prospectus
Prost! santé !
protestantisch protestant
Prozent pour cent
Prozession procession
Publikum public (n)
Pulver poudre
Punkt point
pünktlich à l'heure
Pute dinde

Qualität qualité
Quittung reçu

Rad roue
rasieren (sich) se raser
Rasierer rasoir

Rasierklinge lame de rasoir
Rasierschaum mousse à raser
Rat conseil
Rathaus hôtel de ville, mairie
rauchen fumer
Raucher fumeur
Raum pièce
Rechnung addition, facture
Recht droit
rechts droite
reden parler
reduziert en soldes
Regelblutung règles
Regen pluie
Regencape K-way®
Regenmantel imperméable
Regenschirm parapluie
regnen pleuvoir
reich riche
reif mûr
Reifen pneu
Reinigung pressing
Reis riz
Reise voyage
Reiseandenken souvenir
Reisebüro agence de voyages
Reißverschluss fermeture éclair®
Reisebus autobus
reisen voyager
Reisepass passeport
Reisescheck chèque de voyage
Rentner retraité
reparieren réparer; **reparieren lassen** faire réparer
Reserverad roue de secours
reservieren réserver
reserviert réservé
Rest reste
Rettungswagen ambulance
Rezension critique
Rezept recette
Rezeption réception

R-Gespräch PCV
Rheumatismus rhumatismes
richtig exact
Richtung sens, direction
riechen sentir
Riegel verrou
Rind bœuf
Ring bague
Rippe côte
Risiko risque
Rock jupe
roh cru
Rollerblades rollers
Rollstuhl fauteuil roulant
romanisch roman
romantisch romantique
Röntgen rayons X, radiographie
rosafarben rose (adj)
Rose rose (n)
Roséwein vin rosé
Rosinen raisins secs
rot rouge
rote Ampel feu rouge
rothaarig roux
Rotwein vin rouge
Rücken dos
Rückfahrt retour
Rucksack sac à dos
Rückschein accusé de réception
Rückwärtsgang marche arrière
rufen appeler
Ruhe silence, calme
Ruhestand retraite
ruhig calme, tranquille
Rum rhum
Rund- circulaire

Saal salle
Sache chose
Sachen affaires

Saft jus de fruit
sagen dire
Sahne crème fraîche
Salat salade
Salatsoße vinaigrette
Salbe pommade
Salz sel
Salzgebäck biscuit salé
Samstag samedi
Sand sable
Sandalen sandales
Sanitäranlagen sanitaires
satt rassasié; **etwas satt haben** en avoir marre de quelque chose
Satz phrase
sauber propre
Säugling bébé, nourrisson
Schachspiel échecs
Schachtel paquet
schade: das ist schade c'est dommage; **wie schade!** quel dommage !
Schal écharpe, foulard
Schale bol
schälen peler
Schalentiere crustacés
scharf épicé
Schatten ombre
schätzen aimer
Schauspiel spectacle
Schauspieler, -in comédien(enne)
Scheck chèque
Scheibe tranche, vitre
scheinen paraître; **es scheint, dass …** il paraît que …
Scheinwerfer phare
Schenkel cuisse
schenken offrir
Schere ciseaux
scherzen plaisanter
schicken envoyer
schieben pousser
Schiff bateau
Schild panneau

schimpfen râler
Schimpfwort gros mot
Schinken jambon
Schlaf sommeil
Schlafanzug pyjama
schlafen dormir; **mit jemandem schlafen** coucher avec quelqu'un
Schlaflosigkeit insomnie
Schlafmittel somnifère
Schlafsack sac de couchage
Schlafwagen couchette
Schläger raquette
Schlamm boue
Schlange queue, file; **Schlange stehen** faire la queue
Schlauch chambre à air
schlecht mal, mauvais
schließen fermer
schließlich finalement
schlimm grave
schlimmer pire; **das ist schlimmer als …** c'est pire que …
Schloss château, serrure
Schlupfwinkel repère
Schluss fermeture
Schlüssel clé
schmackhaft bon
Schmerz douleur; **Schmerzen haben** avoir mal
Schmuck bijoux
Schmuckgeschäft bijouterie
schmutzig sale; **sich schmutzig machen** se salir
schnarchen ronfler
Schnee neige
schneiden couper
schneien neiger
schnell rapide, vite
Schnellrestaurant fast-food
Schnupfen rhume
Schnurrbart moustache
Schnürsenkel lacets
Schock choc

schokierend choquant
Schokolade chocolat
schon déjà
schön beau
schrecklich affreux
schreiben écrire
Schreibwarengeschäft papeterie
Schuhe chaussures
Schuhgröße pointure
Schuld faute, dette
Schule école
Schulter épaule
schützen protéger
schwach faible
Schwamm éponge
schwanger enceinte
Schwanz queue
schwarz noir
schwarzweiß noir et blanc
Schwein porc
schwer dur, difficile
Schwester sœur
schwierig difficile
Schwierigkeit difficulté
Schwimmbad piscine
Schwimmen natation
schwimmen nager
Schwimmring bouée
schwitzen transpirer
schwül lourd (temps)
See lac
seekrank: seekrank sein avoir le mal de mer
Segelboot bâteau à voile
sehen voir
sehr très
Seide soie
Seife savon
sein être
sein, seine son, sa, ses
seit depuis, depuis que; **seit wann?** depuis quand ?
Seite côté, face, page

selbst même; **selbst wenn** même si
selbständig indépendant
selten rare, rarement
seltsam bizarre, étrange
Sendung émission, envoi
Senf moutarde
sensibel sensible
September septembre
Servolenkung direction assistée
Sessellift télésiège
setzen mettre, poser; **sich setzen** s'asseoir
Shuttle navette
sich se
sicher certain, sûr
Sicherheit sécurité
Sicherheitsgurt ceinture de sécurité
Sicherung fusible
Sicht vue
Sichtvermerk visa
sie il(s), elle(s), les
Silber argent (métal)
singen chanter
Sinn sens (signification)
Sirup sirop
Sitz place
skandalös scandaleux
Ski ski; **Ski laufen** faire du ski
Skilift remontée mécanique
Skischuhe chaussures de ski
Skistock bâton de ski
Skulptur sculpture
sobald dès que
Socken chaussettes
sofort tout de suite
sogar même
Sohn fils
Sommer été
Sonderangebot promotion
Sonne soleil
sonnen (sich) bronzer
Sonnenbrille lunettes de soleil
Sonnencreme crème solaire

Sonnenhut chapeau de soleil
Sonnenschirm parasol
Sonnenstich insolation
Sonntag dimanche
sonst sinon
Sorge souci; **sich Sorgen machen** se faire du souci
sorgen (für) s'occuper (de)
Sorte type, sorte
Soße sauce
sowieso de toute manière
Spanien Espagne
Spanier, -in Espagnol(e)
spät tard
spazieren se promener
Spaziergang balade
speichern sauvegarder
Speisekarte menu, carte
Speiselokal restaurant
Spezialität spécialité
speziell spécial
Spiegel miroir
Spiel jeu, match
spielen jouer
Spielkarte carte (à jouer)
Spielzeug jouet
Spinat épinards
Spinne araignée
Spirale stérilet
Spitzname surnom
sportlich sportif
Sprache langue
sprechen parler
Splitter écharde
Spritze piqûre
Sprudel- gazeux
Spülmaschine lave-vaisselle
Spülmittel liquide vaisselle
Staat État
Staatsangehörigkeit nationalité
Stadion stade
Stadt ville
Stadtzentrum centre-ville

stammen: stammen aus … être originaire de …
ständig tout le temps
stark fort
Stau embouteillage
stechen piquer
Steckdose prise
stehen bleiben s'arrêter
stehlen voler
Stein pierre
stellen mettre
Stellplatz emplacement (de camping)
sterben mourir
Stereoanlage chaîne (hi-fi)
Steuer taxe
steuerfrei hors taxes
Stich piqûre d'insecte
Stiefel botte
Stift crayon, stylo
Stil style
Stimme voix
Stimmung ambiance
Stirn front
stockend bloqué
Stockwerk étage
Stoff tissu
stolz (auf) fier (de)
stören déranger, gêner
Stoßstange pare-chocs
Strafzettel amende, PV
Strand plage
Strandschuhe tongs
Straße route, rue
Straßenbahn tramway
streichen annuler
Streichholz allumette
streiten (sich) se disputer
Stromzähler compteur électrique
Strumpfhose collants
Stück morceau
Student étudiant
studieren faire des études de
Studium études

Stufe marche
Stuhl chaise
stumm muet
Stunde heure, cours
Stundenplan horaires
stützen: sich auf etwas stützen appuyer sur quelque chose
suchen chercher
Superkraftstoff super (essence)
Supermarkt supermarché
Suppe soupe
Suppenlöffel cuillère à soupe
Surfbrett planche de surf
Surfen surf
surfen surfer
süß mignon
Süßigkeiten sucreries
sympathisch sympathique
Synagoge synagogue

T

Tabak tabac
Tabakgeschäft bureau de tabac
Tablette comprimé
Tag jour, journée; **seine Tage haben** avoir ses règles
Tagesgericht plat du jour
Tal vallée
Tankstelle station-service
Tanz danse
tanzen danser
Tasche sac, poche
Taschenlampe lampe de poche
Taste bouton (d'un appareil)
Tatsache fait
tatsächlich en fait
taub sourd
Taube pigeon
Tauchen plongée (sous-marine)
tauchen faire de la plongée
Taucheranzug combinaison de plongée

tauschen échanger
Taxifahrer chauffeur de taxi
Tee thé
Teebeutel sachet de thé
Teig pâte
Teil partie
teilen partager
Telefonbuch annuaire
Telefonist, -in standardiste
Telefonkarte carte de téléphone
Telefonnummer numéro de téléphone
Telefonzelle cabine téléphonique
Teller assiette
Tempel temple
Teppich tapis
Termin rendez-vous; **einen Termin ausmachen** prendre un rendez-vous
terrassenartig en terrasse
teuer cher
Theater théâtre
Theaterstück pièce de théâtre
Thermometer thermomètre
Thermosflasche thermos®
Thunfisch thon
tief profond
Tiefkühl- surgelé
Tiefkühlkost surgelés
Tiefkühlschrank congélateur
Tier animal
Tierarzt vétérinaire
tippen taper (à l'ordinateur)
Tisch table
Tochter fille
toll super; **toll finden** adorer
Ton son (n)
Torte tarte
tot mort
töten tuer
Touristenbüro office de tourisme
Touristeninformation office de tourisme
Touristennepp attrape-touristes

tragen porter
trampen faire du stop
Traube raisin
Traum rêve
träumen rêver
traurig triste
treffen rencontrer
trennen séparer
Treppe escalier
Trick truc
trinkbar potable
trinken boire
Trinkgeld service, pourboire
trocken sec
trocknen sécher, faire sécher
Tropfen gouttes
trotzdem quand même
Tschüss! salut ! (au revoir)
tun faire
Tür porte
Türcode code d'entrée
Turm tour
Turnschuhe baskets, tennis
Typ type
typisch typique

U-Bahn métro
U-Bahnlinie ligne de métro
U-Bahnstation station de métro
Übelkeit nausée; **Übelkeit empfinden** avoir la nausée
über sur, au-dessus de
überall partout
überfahren renverser; **überfahren werden** se faire renverser
überführen rapatrier
überfüllt bondé
übergeben (sich) vomir
überhalb (von) au-dessus (de)
überhaupt nicht pas du tout
überlegen réfléchir

übermorgen après-demain
überqueren traverser
Überraschung surprise
übersetzen traduire
überwachen surveiller
übrigens d'ailleurs, au fait
Uhr heure, montre
um (préposition) à, au sujet de; **um fünf Uhr** à 5h; **um wieviel Uhr?** à quelle heure ?; **um so besser** tant mieux
um: (conjonction) **um etwas zu machen** pour faire quelque chose
umarmen embrasser
umbringen tuer
umdrehen tourner
Umgebung: in der Umgebung dans les environs
umkehren faire demi-tour
umkippen renverser
Umkleidekabine cabine d'essayage
Umsteigen changement, correspondance
umziehen (sich) se changer
Umzug procession
unabhängig indépendant
unangenehm désagréable
unbekannt inconnu
und et
Unfall accident
ungefähr à peu près, environ
unglaublich incroyable
unglücklicherweise malheureusement
unhöflich malpoli
Universität université
unmöglich impossible
unnötig inutile
unscharf flou
unser, unsere nôtre, nos
Unsinn bêtise
unten en bas
unter sous, parmi
unterbringen héberger

unterhalb (von) au-dessous (de)
unterhalten (sich) s'amuser
unterhaltsam amusant
Unterhose slip, culotte
Unterricht cours, leçon
unterschreiben signer
Unterwäsche sous-vêtements
unvergesslich inoubliable
Unwetter tempête

Vater père
Vegetarier, -in végétarien(enne)
Ventilator ventilateur
verabreden (sich) se donner rendez-vous; **verabredet sein (mit)** avoir rendez-vous (avec)
Verabredung rendez-vous
Veranstaltungkalender guide des spectacles
verärgert fâché
Verband bandage; **einen Verband haben** avoir un plâtre
verboten interdit
verbrennen (sich) se brûler
Verbrennung brûlure
verbringen passer
Verdauung transit, digestion
verderben gâcher
verdienen gagner
Vereinigtes Königreich Royaume-Uni
Vereinigte Staaten États-Unis
verfahren (sich) se perdre (en voiture)
Vergangenheit passé
vergessen oublier
Vergewaltigung viol
Vergnügen plaisir
Vergnügungspark parc d'attractions
vergoldet plaqué or
verheiratet marié
Verhütungsmittel contraceptif

verkaufen vendre; **zu verkaufen** à vendre
Verkäufer, -in vendeur(euse)
Verkehr circulation
verlassen abandonner, quitter
verlaufen (sich) se perdre (à pied)
verleihen prêter
verletzt blessé
verlieren perdre
verlobt fiancé
vermieten louer (donner en location)
Vermietung location
vernünftig raisonnable
verpassen rater
verrückt fou
Versammlung réunion
verschlimmern (sich) s'aggraver
verschmutzen salir
verschwinden disparaître
Versicherung assurance
versilbert plaqué argent
verspätet retardé, en retard
Verspätung retard
versprechen promettre
verstauchen: sich den Knöchel verstauchen se fouler la cheville
verstehen comprendre; **sich gut/ schlecht mit jemandem verstehen** bien/mal s'entendre avec quelqu'un
verstopft constipé
versuchen essayer, tenter
Vertrag contrat
Vertrauen confiance
verwenden utiliser
verzehren consommer
Verzeihung pardon; **Verzeihung!** pardon !, s'il vous plaît !
verzichten auf se passer de, renoncer à
Videofilm vidéo
Videokamera caméra
Videokassette cassette vidéo

Videospiel jeu vidéo
viel beaucoup (de); **viel mehr** beaucoup plus; **vielen Dank** merci beaucoup
vielleicht peut-être
Viertel quartier, quart
viertel: viertel vor moins le quart
Viertelstunde quart d'heure
Visitenkarte carte de visite
Visum visa
Vogel oiseau
Vokal voyelle
voll plein, complet; **voll von** plein de
völlig complètement
Vollkaskoversicherung assurance tous risques
vollkommen parfait
Vollmilch lait entier
Vollpension pension complète
volltanken faire le plein (d'essence)
Volltarif plein tarif
von de
vor devant, avant; **vor zwei Jahren** il y a 2 ans
voraus: im Voraus à l'avance
vorbereiten préparer
vorbestellen réserver
Vorder- (+nom) avant
vorgestern avant-hier
vorhaben zu avoir l'intention de
vorher avant, auparavant
vorhergehend précédent
vorhersagen prévoir
Vorname prénom
Vorschau bande-annonce
vorschlagen proposer
vorsichtig prudent
Vorspeise entrée
Vorstadt banlieue
vorstellen présenter
vorübergehend temporaire
Vorwahl indicatif
Vorwärtsgang marche avant

vorzeitig en avance
vorziehen préférer

Wache gardien
wagen oser
Waggon voiture (d'un train), wagon
Wahl choix
wählen choisir
während pendant
wahrscheinlich probablement
Währung monnaie
Wald forêt
Walnuss noix
Wand mur, cloison
wandern se balader, faire de la marche
Wanderschuhe chaussures de marche
Wanderung randonnée
wann quand; **wann kommt er?** quand vient-il ?
Ware marchandise
warm chaud
Wärme chaleur
warten (auf) attendre
warum pourquoi
was quoi; **was für ein Hotel?** quel genre d'hôtel ?
Waschbecken lavabo
Waschbeutel trousse de toilette
Wäsche: schmutzige Wäsche linge sale
waschen laver
Waschlappen gant de toilette
Waschmaschine machine à laver
Waschpulver lessive
Waschsalon laverie
Waschzeug affaires de toilette
Wasser eau
wasserdicht imperméable
Wasserhahn robinet
Wassermelone pastèque
Wasserski ski nautique

Wasserspülung chasse d'eau
Watte coton
Wattestäbchen coton-tige®
Website site Internet
Wechselkurs taux de change
wechseln échanger, changer
wecken réveiller
Wecker réveil
weder … noch … ni… ni…
Weg chemin, route
wegen à cause de
weggehen s'en aller, partir
wegwerfen mettre à la poubelle
Weihnachten Noël
weil parce que
Wein vin
Weinbrand cognac
weinen pleurer
weiß blanc
Weißwein vin blanc
weit (von) loin (de)
weiter- (+ verbe) continuer à
weiterhin: weiterhin alles Gute! bonne
    continuation !
welcher, welche, welches quel, quelle
Welle vague
Welt monde
wenig peu (de); **weniger (als)** moins
    (que)
wenn si, quand
wer qui; **wer spricht da, bitte?** qui est
    à l'appareil ?
Werbung publicité
werden devenir
werfen jeter
Werkstatt garage
Wespe guêpe
westlich (von) à l'ouest (de)
Wetter temps
Wettervorhersage prévisions météo
wichtig important
wie comment, comme; **wie viel**
    combien

wieder à nouveau
wiederholen répéter
wiedersehen (sich) se revoir;
    auf Wiedersehen au revoir
wild sauvage
willkommen bienvenu
Wind vent
Windel couche
Windschutzscheibe pare-brise
Windsurfbrett planche à voile
Winter hiver
wir nous
wirklich vraiment
Wirklichkeit réalité; **in Wirklichkeit**
    en réalité
Wissen connaissances
wissen savoir
Wissenschaft science
Witwer, Witwe veuf, veuve
Witz blague
wo où
Woche semaine
Wochenende week-end
woher d'où
wohin (vers) où
wohnen habiter
Wohnmobil camping-car
Wohnung appartement, logement
Wohnwagen caravane
Wohnzimmer salon
Wolke nuage
Wolle laine
wollen vouloir
Wort mot
Wörterbuch dictionnaire
Wunde plaie
wunderbar merveilleux
Wundgaze gaze (bandage)
Wunsch souhait
Würfel dé
Wurst saucisse
Wurstwaren charcuterie (produits)

Wurstwarengeschäft charcuterie (magasin)
Wüste désert
wütend en colère

Z

Zahl nombre
zahlen payer
zählen (auf) compter (sur)
Zahn dent
Zahnarzt dentiste
Zahnbürste brosse à dents
Zahnfüllung plombage
Zahnpasta dentifrice
Zahnweh rage de dents
Zäpfchen suppositoire
Zeichentrickfilm bande dessinée
Zeichnung dessin
zeigen montrer
Zeit temps; **von Zeit zu Zeit** de temps en temps
zeitgenössisch contemporain
Zeitschrift magazine
Zeitung journal
Zeitungskiosk kiosque à journaux
Zeitungsverkäufer marchand de journaux
Zeitverschiebung décalage horaire
zeitweilig temporaire
Zelt tente
Zentimeter centimètre
Zentrum centre
zerbrechen casser
zerbrechlich fragile
Zettel mot (note écrite)
Ziege chèvre
ziehen tirer
ziemlich plutôt
Zigarette cigarette

Zigarre cigare
Zimmer chambre
Zirkus cirque
Zitrone citron
zögern hésiter
Zoll douane
Zoomobjektiv zoom
zornig en colère
zu (adv) trop; **zu viel** trop de
zu (préposition) à
zubereiten préparer
Zucchini courgette
Zucker sucre
zuerst d'abord
Zufall hasard
zufällig par hasard
Zuflucht refuge
zufrieden satisfait
Zug train
Zugang accès
zuhören écouter
Zukunft futur
Zündkerze bougie (de voiture)
Zunge langue
zurück de retour
zurückerstatten rembourser; **sich etwas zurückerstatten lassen** se faire rembourser quelque chose
zurückgeben rendre
zurückkommen revenir
zurückrufen rappeler
zusammen ensemble
zusätzlich supplémentaire
Zuschlag supplément
Zustand état
Zwiebel oignon
Zwillinge jumeaux, jumelles
zwischen entre
Zwischenmahlzeit goûter

FÊTES ET JOURS FÉRIÉS

Jours fériés

Voici la liste des jours fériés (Feiertage) en Allemagne. Attention : certains ne sont pas fêtés dans tous les Länder (régions fédérales), d'autres sont typiquement régionaux :

1er janvier :	Jour de l'An (**Neujahr**)
6 janvier :	Épiphanie (**Dreikönigstag**)
mars ou avril :	vendredi saint (**Karfreitag**)
	dimanche de Pâques (**Ostersonntag**)
	lundi de Pâques (**Ostermontag**)
1er mai :	Fête du travail (**Tag der Arbeit**)
mai :	Ascension (**Christi Himmelfahrt**)
	dimanche de Pentecôte (**Pfingstsonntag**)
	lundi de Pentecôte (**Pfingmontag**)
mai ou juin :	Visitation (**Heimsuchung Mariae**)
15 août :	Assomption (**Mariae Himmelfahrt**)
3 octobre :	Fête Nationale : Jour de la Réunification de l'Allemagne (**Nationalfeiertag**)
31 octobre :	Jour de la Réforme (**Reformationstag**)
novembre :	Jour de repentance (**Buß-und Bettag**)
25 et 26 janvier :	Noël (**Weihnachten**)

Fêtes traditionnelles et manifestations annuelles

L'Allemagne est le pays des festivals (**Festspiele**). Chaque **Land** possède une vie culturelle propre et des traditions populaires très vivantes, ce qui multiplie le nombre des manifestations tout au long de l'année. Voici les principales :

janvier/ février :	Le Carnaval (**Fasching**). Fêtes de rue et manifestations

culturelles à Cologne, Dusseldorf, Mayence et Munich. Des chars décorés circulent dans les rues ; les habitants costumés distribuent des confiseries aux passants. Dans toute la ville, on rencontre des fanfares et des stands à saucisses ou de bière qui sont ouverts tard dans la nuit.

Festival International du Film de Berlin.

mars : **Frühlingsdom** (fête du printemps) à Hambourg. Autres fêtes de printemps (**Frühlingsfeste**) dans de nombreuses régions.

Festival d'opéra à Dresde.

Festival Bach en Thuringe.

avril : Festival de jazz de Stuttgart.

Les journées de la danse de Munich.

Festival de musique de Berlin.

mai : Festival du vin rouge à Rüdesheim.

Festival International de Jazz à Dresde.

Festival d'été de Bonn (jusqu'en septembre).

juin : Festival du film de Munich.

Divers festivals de musique classique.

juillet : Festival de Bayreuth (Wagner).

Festival de Musique du Schleswig-Holstein.

Divers festivals populaires dans tout le pays.

août : Nombreuses fêtes du vin en Rhénanie.

Festival populaire d'automne à Nuremberg.

septembre/ octobre :   **Oktoberfest** à Munich (célèbre grande fête de la bière bavaroise de mi-septembre au premier dimanche d'octobre). Dans les parcs, on installe de longues tables et des tentes ; on y sert de la bière à profusion. Au son des fanfares, on organise des concours, à celui qui boira la plus grande quantité de bière. Festival de jazz de Leipzig.

novembre :   Festival de Saint-Martin en Rhénanie et Bavière.

décembre :   Festivités de Noël, pendant tout le mois de décembre, en particulier à Munich, Nuremberg, Berlin, Lübeck, Münster, Stuttgart et Heidelberg. Les marchés de Noël fleurissent en décembre dans de très nombreuses villes. On construit des stands en forme de petits chalets, où l'on vend des objets artisanaux qui feront de jolis cadeaux. On peut, dès le matin, manger des saucisses et boire du vin chaud (**Glühwein**) pour se réchauffer.

EN FRANCE :

Office National Allemand Du Tourisme
Le Ponant III
21, rue Leblanc, 75015 Paris
Téléphone : 01 40 20 01 88

Centre d'Information et de Documentation de l'Ambassade d'Allemagne
31 rue de Condé, 75006 Paris
Téléphone : 01 44 17 31 31

EN BELGIQUE :

Office national allemand du tourisme
Rue A. de Boeck, 54-56
Talstrasse 62
Bruxelles 1140
Téléphone : 245 97 00
Fax : 245 39 80

EN SUISSE :

Office du tourisme (Deutsches Verkehrsbüro)
Freischützgasse 3, 8004 Zurich
Téléphone : (01) 044 213 2200
Fermé au public

EN ALLEMAGNE

Ambassade de France
Pariser Platz 5, 10117 Berlin
Téléphone : 030 20 63 90 00
Fax : 030 20 63 90 10

EN AUTRICHE :

Ambassade de France
Technikerstraße 2, A-1040 Vienne
Téléphone : (1) 502 75 0
Fax : (1) 502 75 168

Ambassade de Belgique
Jägerstraße 52-53, 10117 Berlin
Téléphone : 030 20 64 20
Fax : 030 20 64 22 00

Ambassade de Belgique
Wohllebengasse 6, A-1040 Vienne
Téléphone : (1) 502 07
Fax : (1) 502 07 11

Ambassade de Suisse
Otto-von-Bismarck-Allee
4A, 10117 Berlin
Téléphone : 030 390 40 00
Fax : 030 391 10 30

Ambassade de Suisse
Kärntuer Ring 12, A-1010 Vienne
Téléphone : 0043179505
Fax : 0043 17950521

Office National de Tourisme (Deutsche Zentrale für Tourismus)
Beethovenstraße 69
60325 Frankfurt am Main
Téléphone : 069 97 46 40
Fax : 069 75 19 03

Renseignements téléphoniques : **01 188** (nationaux)
00 118 (internationaux)
Police secours : **110**
Pompiers : **112**

HARRAP'S
Arrêtez de parler avec les mains !

HARRAP'S
Parler l'anglais en voyage

Un supplément MP3 à télécharger

AVEC
• un dictionnaire bilingue
• les plans de Londres et New York

Avec la collection
« **Parler en voyage** »,
retrouvez tous les mots
et expressions pour
faciliter votre voyage
et vous permettre de
vous exprimer
en toute situation.

Dans la même collection

Parler en voyage **arabe**
Parler en voyage **brésilien**
Parler en voyage **bulgare**
Parler en voyage **chinois**
Parler en voyage **coréen**
Parler en voyage **croate**
Parler en voyage **danois**
Parler en voyage **espagnol**
Parler en voyage **espagnol en Amérique latine**
Parler en voyage **finnois**
Parler en voyage **grec**
Parler en voyage **hindi**
Parler en voyage **hongrois**

Parler en voyage **indonésien**
Parler en voyage **italien**
Parler en voyage **japonais**
Parler en voyage **néerlandais**
Parler en voyage **norvégien**
Parler en voyage **polonais**
Parler en voyage **roumain**
Parler en voyage **russe**
Parler en voyage **suédois**
Parler en voyage **tchèque**
Parler en voyage **thaï**
Parler en voyage **turc**
Parler en voyage **vietnamien**